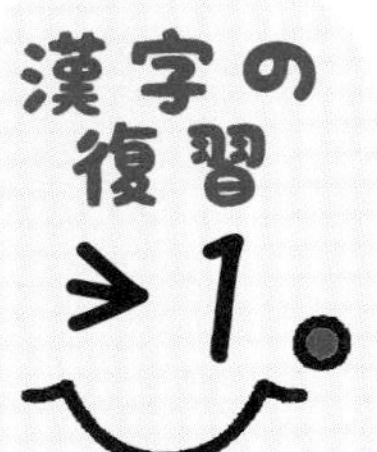

漢字を使おう 五年生で習った漢字

新しく使う、六年の教科書で復習する漢字です。

1 漢字の読みがなを書きましょう。 16点(一つ2)

① 校庭に 桜 がさいている。( )

② 自画自賛 したくなるできばえ。( )

③ 税金 をつかって道路を作る。( )

④ 非常食 を準備する。( )

⑤ 社会で 歴史 を習う。( )

⑥ 百円 均一 のお店。( )

⑦ 友だちの 似顔絵 をかく。( )

⑧ 往復 運賃を支はらう。( )

2 あてはまる漢字を書きましょう。 32点(一つ4)

① こん虫 [さい|しゅう]

② 雨が [いきおい] を増す。

③ [か|こ] のできごと。

④ 山の中で道に [まよう]。

⑤ 家族でお [はか] 参りに行く。

⑥ 先生に [しつ|もん] をする。

⑦ [か|かく] を比べる。

⑧ 船が [き|こう] する。

← うらのページに続くよ!

3 漢字の読みがなを書きましょう。

20点（一つ2）

① 合計 金額（　　） はおいくらですか。

② 工場で 製品（　　） が作られる。

③ スーパーで 小麦粉（　　） を買う。

④ 兄は 効率（　　） よくお手伝いをする。

⑤ 故障（しょう）の原因を 解明（　　） する。

⑥ 高度な 技術（　　） を習得する。

⑦ 知りたい 情報（　　） を集める。

⑧ 自由研究を 提出（　　） する。

⑨ その店は 混雑（　　） していた。

⑩ 早起きの 習慣（　　） を身につける。

4 あてはまる漢字を書きましょう。

32点（一つ4）

① 外国から［ゆ｜にゅう］する。

② 県境に［さん｜みゃく］が連なる。

③ ［そう｜りょく｜せん］を制する。

④ みんなで［よろこんだ］。

⑤ ［ぶあつい］本を読んだ。

⑥ ［ふく｜しゃ］をする。

⑦ ［き｜そく］を守る。

⑧ 運動が［とく｜い］です。

きほんのドリル 2

たずね合って考えよう
さなぎたちの教室 (1)

時間 15分　合格80点　/100

答え 99ページ

月　日

書いて覚えよう！

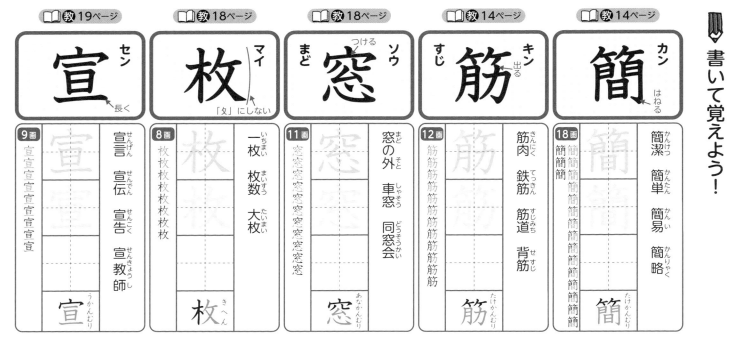

教 14ページ

簡 カン（はねる）

18画

簡潔（かんけつ）　簡単（かんたん）　簡易（かんい）　簡略（かんりゃく）

簡（たけかんむり）

教 14ページ

筋 キン・すじ（出る）

12画

筋肉（きんにく）　鉄筋（てっきん）　筋道（すじみち）　背筋（せすじ）

筋（たけかんむり）

教 18ページ

窓 ソウ・まど（つける）

11画

窓の外（まどのそと）　車窓（しゃそう）　同窓会（どうそうかい）

窓（あなかんむり）

教 18ページ

枚 マイ（「夂」にしない）

8画

一枚（いちまい）　枚数（まいすう）　大枚（たいまい）

枚（きへん）

教 19ページ

宣 セン（長く）

9画

宣言（せんげん）　宣伝（せんでん）　宣告（せんこく）　宣教師（せんきょうし）

宣（うかんむり）

1 読みがなを書きましょう。 28点（一つ4）

① 簡潔（　）にまとめる。

② 筋肉（　）をきたえる。

③ 筋道（　）を立てて話す。

④ 窓（　）の外を見る。

⑤ 同窓会（　）に行く。

⑥ 一枚（　）のポスター。

⑦ 映（えい）画の 宣伝（　）。

教科書 14〜32ページ

 うらのページに続くよ！

2 あてはまる漢字を書きましょう。

72点（一つ9）

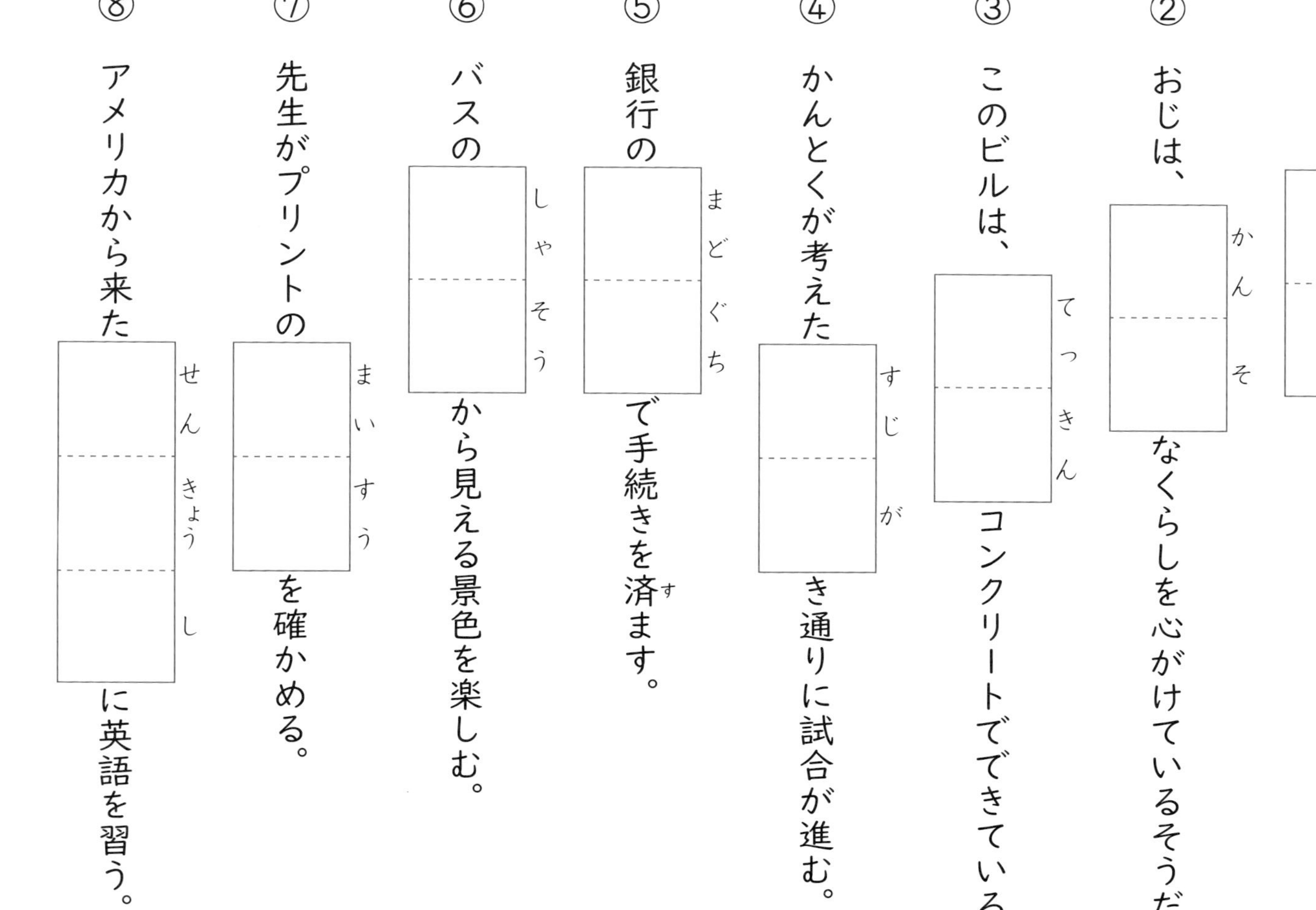

① 先生に［かんたん］な実験を任される。

② おじは、［かんそ］なくらしを心がけているそうだ。

③ このビルは、［てっきん］コンクリートでできている。

④ かんとくが考えた［すじが］き通りに試合が進む。

⑤ 銀行の［まどぐち］で手続きを済ます。

⑥ バスの［しゃそう］から見える景色を楽しむ。

⑦ 先生がプリントの［まいすう］を確かめる。

⑧ アメリカから来た［せんきょうし］に英語を習う。

ヒント ⑧「せん」は四画目をわすれないように注意しましょう。

きほんのドリル 3

さなぎたちの教室 (2)

時間 15分　合格80点　／100

答え 99ページ

月　日

書いて覚えよう！

教 21ページ
幼　ヨウ　おさない（はねる）　5画
幼幼幼幼幼
幼い鳥（おさないとり）　幼虫（ようちゅう）　幼児（ようじ）　幼少（ようしょう）
部首：幺（いとがしら）

教 21ページ
革　カク（つける）　9画
革革革革革革革革革
改革（かいかく）　革新的（かくしんてき）　革命（かくめい）　皮革（ひかく）
部首：革（かくのかわ・つくりがわ）

教 22ページ
裏　うら（長く）　13画
裏裏裏裏裏裏裏裏裏裏裏裏裏
駅の裏（えきのうら）　裏側（うらがわ）　裏腹（うらはら）　裏口（うらぐち）
部首：衣（ころも）

教 22ページ
並　なみ　ならべる　ならぶ　ならびに（長く）　8画
並並並並並並並並
順に並べる（じゅんにならべる）　並べ方（ならべかた）　並の量（なみのりょう）
部首：一（いち）

教 23ページ
視　シ（上にはねる）　11画
視視視視視視視視視視視
視点（してん）　視察（しさつ）　視線（しせん）　視力（しりょく）
部首：見（みる）

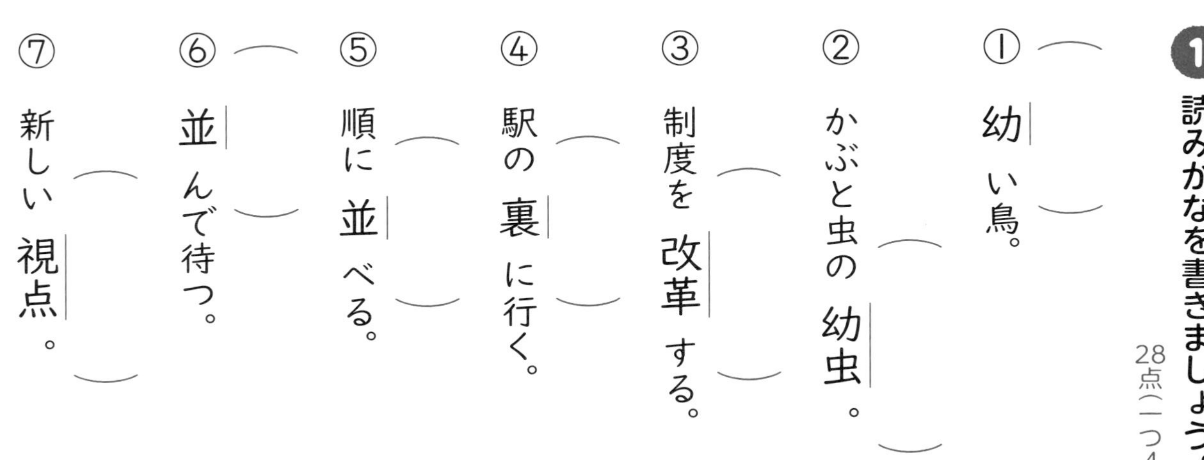

1 読みがなを書きましょう。　28点（一つ4）

① 幼い鳥。（　）
② かぶと虫の幼虫。（　）
③ 制度を改革する。（　）
④ 駅の裏に行く。（　）
⑤ 順に並べる。（　）
⑥ 並んで待つ。（　）
⑦ 新しい視点。（　）

教科書 16～32ページ

裏のページに続くよ！

❷ あてはまる漢字を書きましょう。

72点（一つ9）

① （おさな）なじみと久しぶりに遊ぶ。

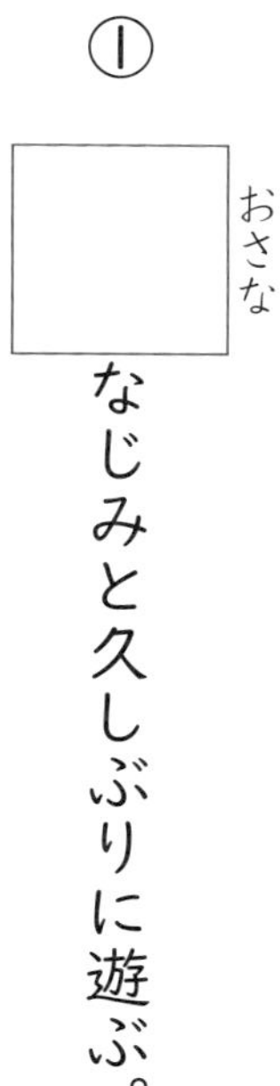

② 遊びに来た親せきの（ようじ）の面どうをみる。

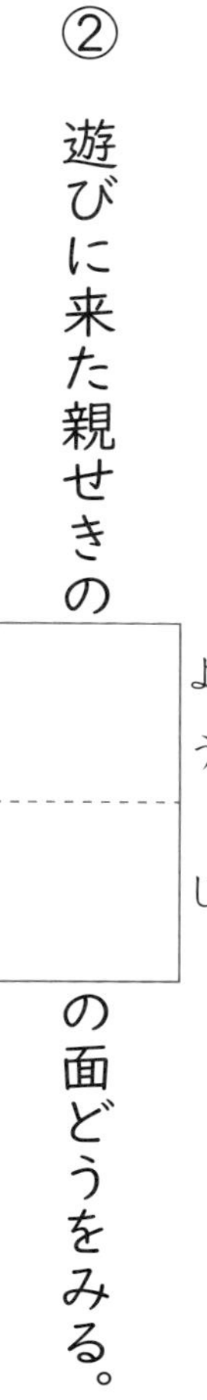

③ 昔、フランスで（かくめい）が起こった。

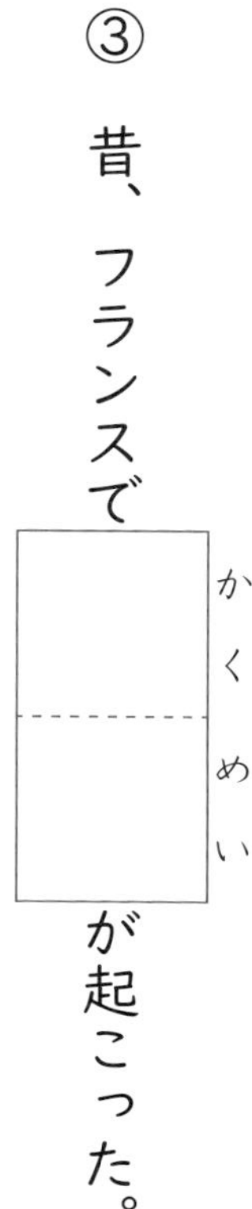

④ （かくしんてき）な技術を導入する。

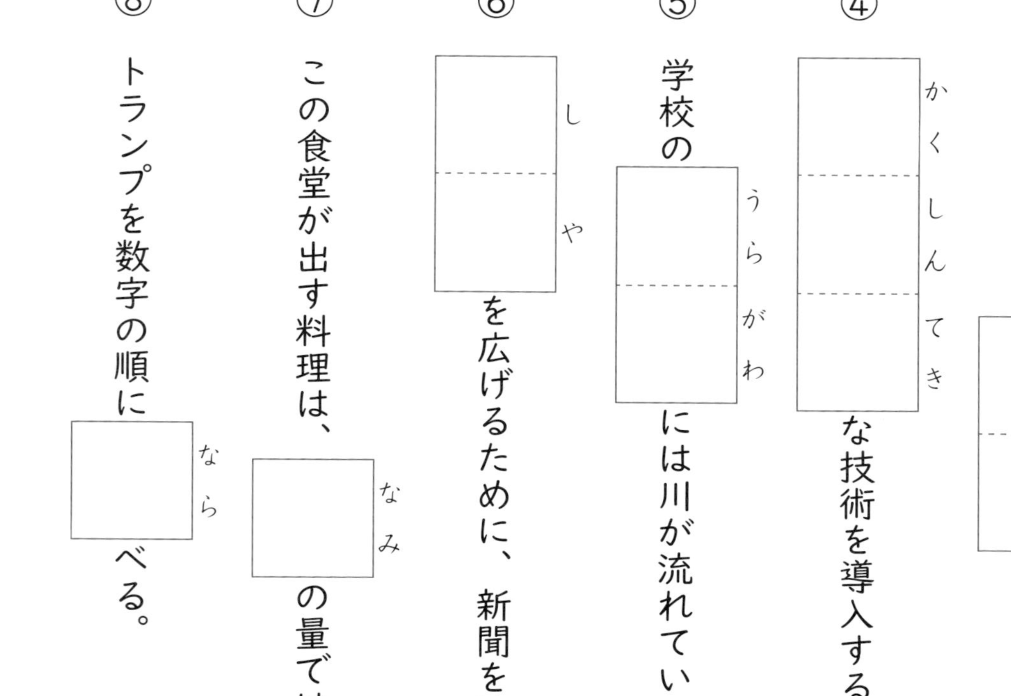

⑤ 学校の（うらがわ）には川が流れている。

⑥ （しや）を広げるために、新聞を読む。

⑦ この食堂が出す料理は、（なみ）の量ではない。

⑧ トランプを数字の順に（なら）べる。

ヒント ⑥「し」の「ネ」を「ネ」と書かないように注意しましょう。

さなぎたちの教室 (3)

書いて覚えよう！

教 23ページ　痛（ツウ／いたい・いたむ・いためる）12画　はねる
体が痛い　腹痛　痛快
やまいだれ

教 24ページ　敬（ケイ／うやまう）12画　はねる
祖先を敬う　敬語　尊敬
のぶん・ぼくづくり

教 24ページ　敵（テキ）15画　「又」にしない
天敵　強敵　敵対する
のぶん・ぼくづくり

教 25ページ　降（コウ／おりる・おろす・ふる）10画　とめる
雪が降る　降参　車を降りる
こざとへん

教 26ページ　姿（シ／すがた）9画　とめる
町の姿　姿勢　容姿
おんな

1 読みがなを書きましょう。
28点（一つ4）

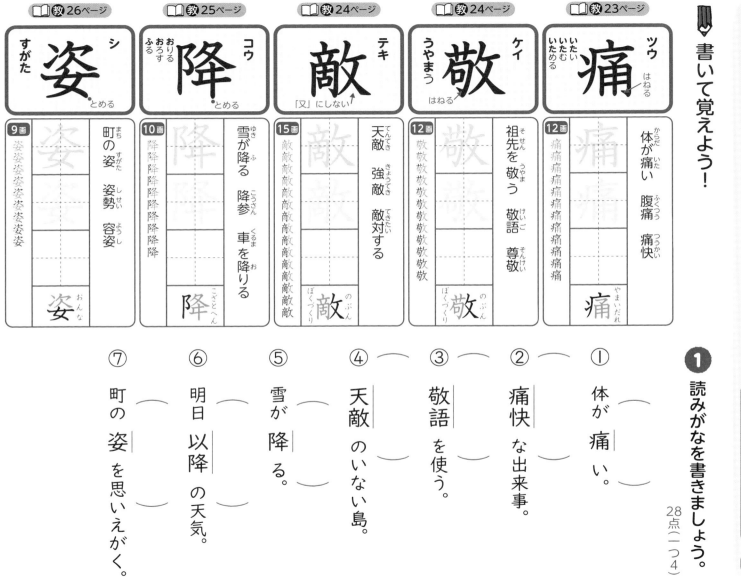

① 体が痛い。
② 痛快な出来事。
③ 敬語を使う。
④ 天敵のいない島。
⑤ 雪が降る。
⑥ 明日以降の天気。
⑦ 町の姿を思いえがく。

裏のページに続くよ！

2 あてはまる漢字を書きましょう。

72点（一つ9）

① 薬を飲んで、ようやく 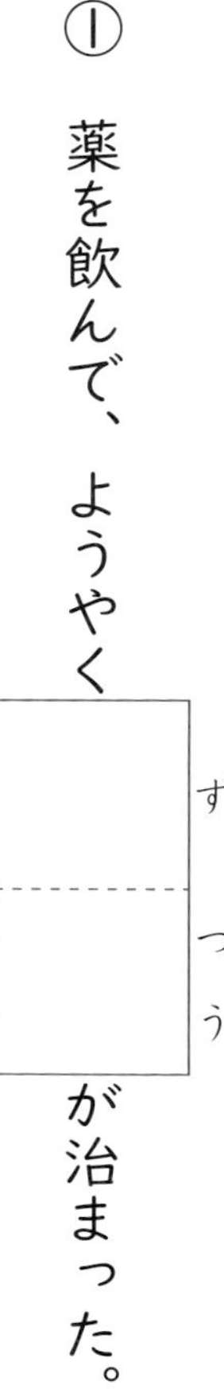（ずつう）が治まった。

② 悲しい出来事に心を 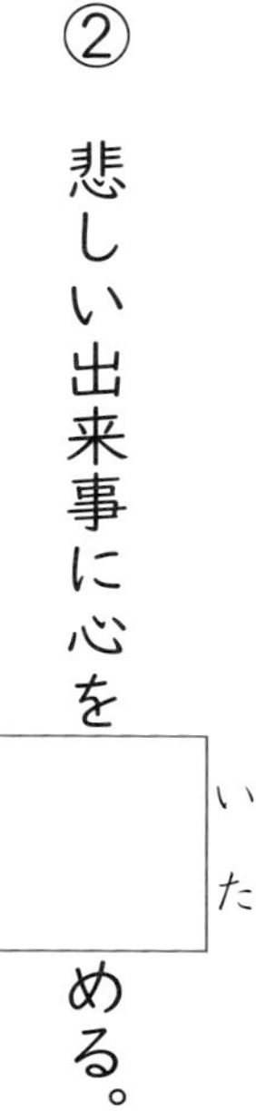（いた）める。

③ ［　　］（けいろう）の日に祖父母に会いに行く。

④ 相手を 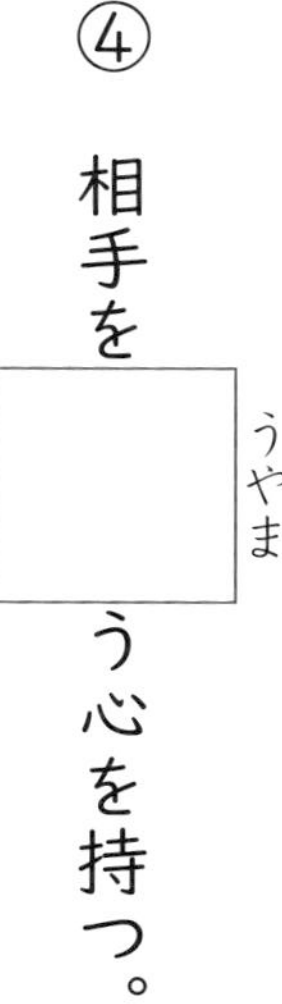（うやま）う心を持つ。

⑤ 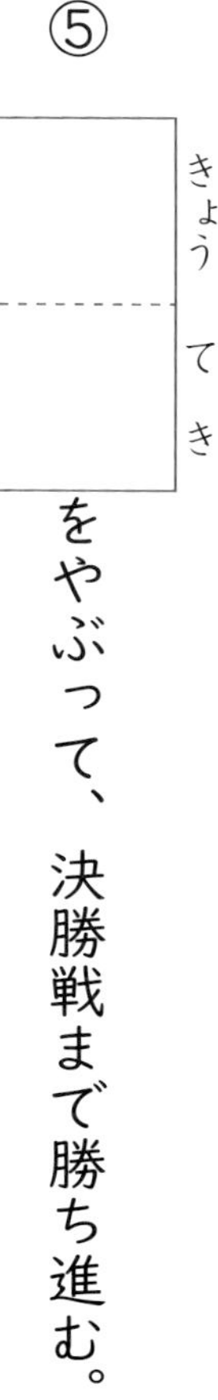（きょうてき）をやぶって、決勝戦まで勝ち進む。

⑥ 学校から帰ると中で雨が 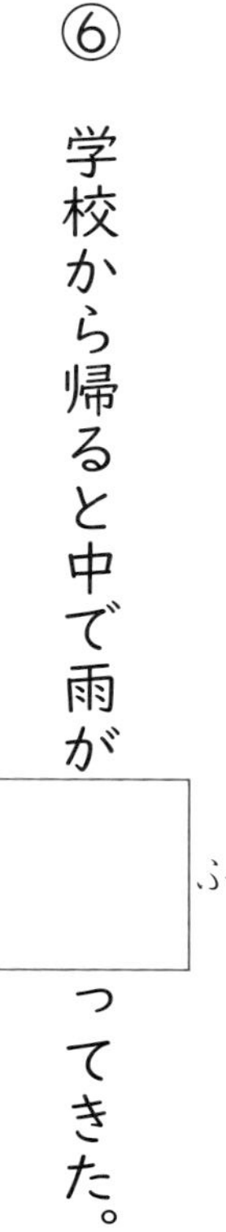（ふ）ってきた。

⑦ 飛行機がじょじょに 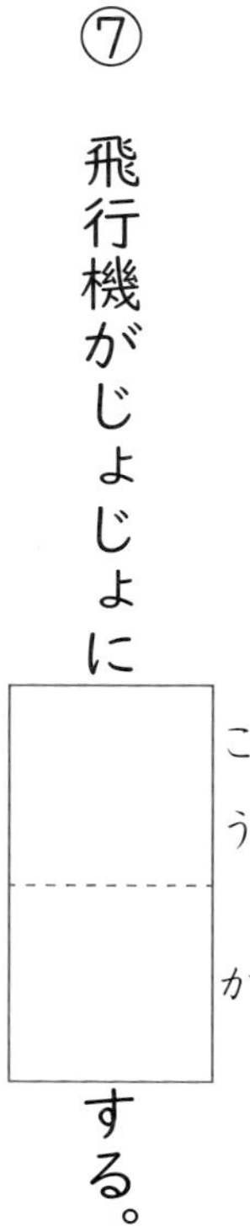（こうか）する。

⑧ 私（わたし）と母の 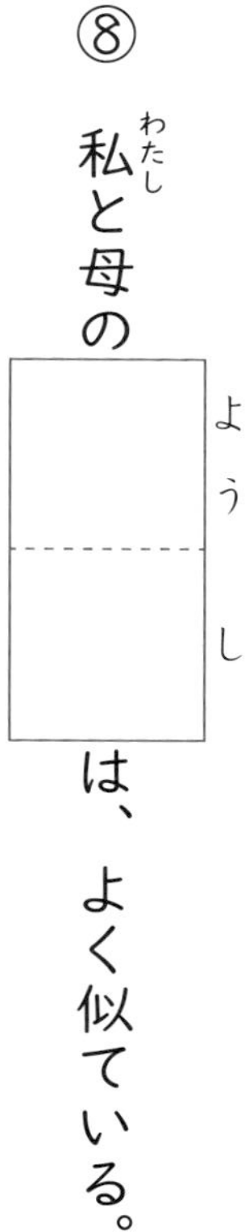（ようし）は、よく似ている。

ヒント ⑥「ふ（る）」⑦「こう」の十画目は、上につき出して書きましょう。

きほんのドリル 5　さなぎたちの教室 (4)

時間 15分　合格80点　／100

答え 99ページ

月　日

書いて覚えよう！

教 27ページ
胸　キョウ　むね
はねる
10画　胸胸胸胸胸胸胸胸胸胸
お母(かあ)さんの胸(むね)　度胸(どきょう)
胸（にくづき）

教 27ページ
吸　キュウ　すう
出ない
6画　吸吸吸吸吸吸
息(いき)を吸(す)う　呼吸(こきゅう)　吸入(きゅうにゅう)
吸（くちへん）

教 27ページ
呼　コ　よぶ
はねる
8画　呼呼呼呼呼呼呼呼
呼(よ)びかける　呼吸(こきゅう)　点呼(てんこ)
呼（くちへん）

教 27ページ
忘　わすれる
とめる
7画　忘忘忘忘忘忘忘
名札(なふだ)を忘(わす)れる　忘(わす)れ物(もの)
忘（こころ）

教 29ページ
閉　ヘイ　とじる　しめる　しまる
はねる
11画　閉閉閉閉閉閉閉閉閉閉閉
閉(と)じた門(もん)　閉会(へいかい)　戸(と)を閉(し)める
閉（もんがまえ）

1 読みがなを書きましょう。　28点（一つ4）

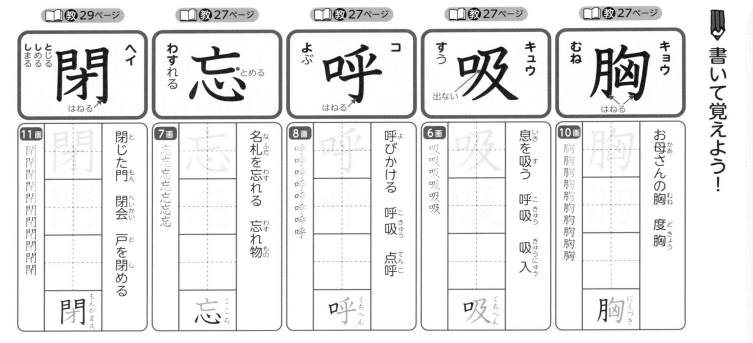

① お母さんの胸（　　）。
② 度胸（　　）がある。
③ 息を吸（　　）う。
④ 呼吸（　　）を整える。
⑤ 防災を呼（　　）びかける。
⑥ 名札を忘（　　）れる。
⑦ 閉（　　）じた門をこじ開ける。

裏のページに続くよ！

❷ あてはまる漢字を書きましょう。

72点（一つ9）

① 進学が決まった兄は、希望に□（むね）をふくらませている。

② みつばちが花のみつを□（す）う。

③ □□□（しんこきゅう）をして、心を落ち着かせる。

④ 集まった人たちの□□（てんこ）をとる。

⑤ あの先生は名医として□（よ）び声が高い。

⑥ 学校に教科書を□（わす）れてきてしまった。

⑦ 静かにドアを□（し）める。

⑧ 駅前の百貨店は、夜八時に□□（へいてん）する。

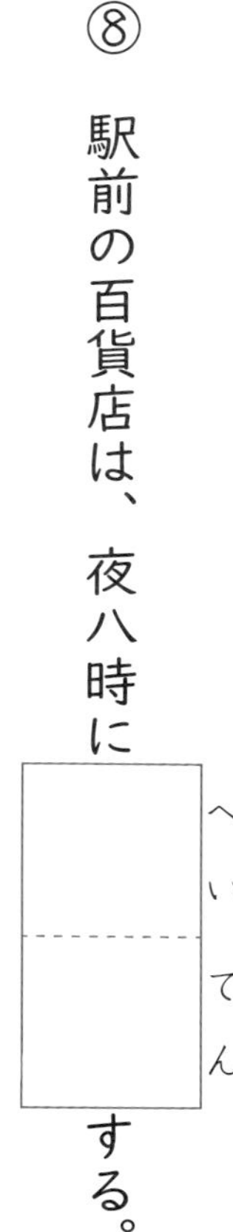

ヒント ②「す(う)」③「きゅう」の五画目は、一筆で書きましょう。

きほんのドリル 6

さなぎたちの教室 (1)
漢字を使おう1 (5)

時間15分　合格80点　／100

答え 99ページ

月　日

書いて覚えよう！

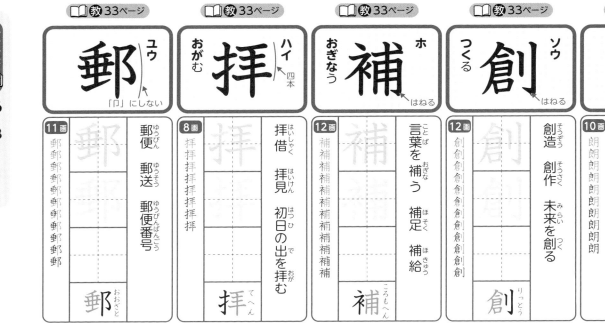

朗（教30ページ）　ロウ　はねる　10画
朗読（ろうどく）　朗報（ろうほう）　明朗（めいろう）
朗（つき）

創（教33ページ）　ソウ　つくる　はねる　12画
創造（そうぞう）　創作（そうさく）　未来（みらい）を創（つく）る
創（りっとう）

補（教33ページ）　ホ　おぎなう　はねる　12画
言葉（ことば）を補（おぎな）う　補足（ほそく）　補給（ほきゅう）
補（ころもへん）

拝（教33ページ）　ハイ　おがむ　四本　8画
拝借（はいしゃく）　拝見（はいけん）　初日（はつひ）の出（で）を拝（おが）む
拝（てへん）

郵（教33ページ）　ユウ　「卩」にしない　11画
郵便（ゆうびん）　郵送（ゆうそう）　郵便番号（ゆうびんばんごう）
郵（おおざと）

1 読みがなを書きましょう。 28点（一つ4）

① 詩を　朗読（　　）　する。
② 社会を　創造（　　）　する。
③ 未来を　創（　　）　る。
④ 言葉を　補（　　）　う。
⑤ 補強（　　）　工事を急ぐ。
⑥ 本を　拝借（　　）　する。
⑦ 郵便（　　）　が届（とど）く。

裏のページに続くよ！

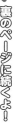

2 あてはまる漢字を書きましょう。

72点（一つ9）

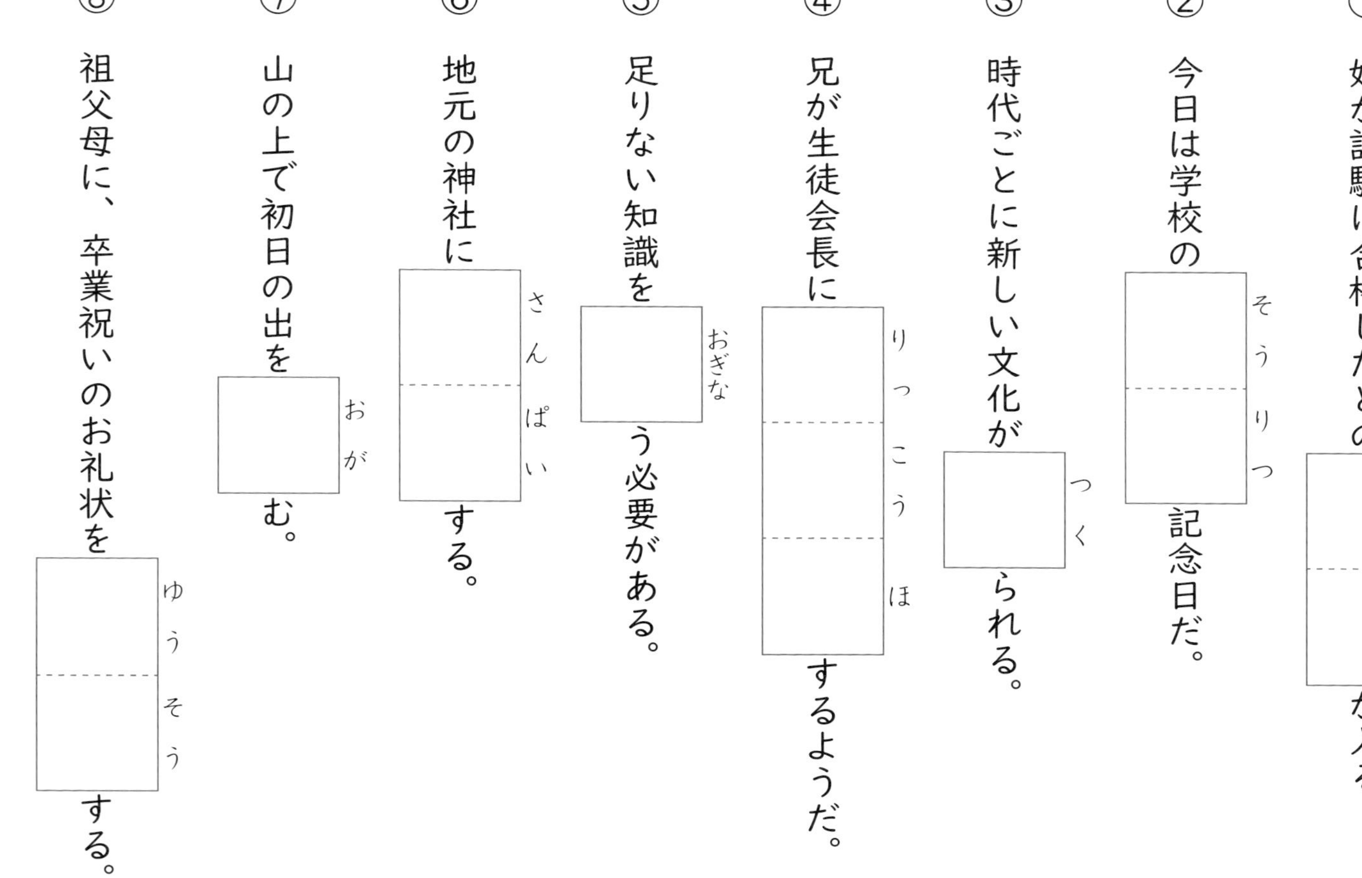

① 姉が試験に合格したとの［ろうほう］が入る。

② 今日は学校の［そうりつ］記念日だ。

③ 時代ごとに新しい文化が［つく］られる。

④ 兄が生徒会長に［りっこうほ］するようだ。

⑤ 足りない知識を［おぎな］う必要がある。

⑥ 地元の神社に［さんぱい］する。

⑦ 山の上で初日の出を［おが］む。

⑧ 祖父母に、卒業祝いのお礼状を［ゆうそう］する。

ヒント ④「ほ」⑤「おぎな(う)」の、十二画目の「丶」を忘れないようにしましょう。

きほんのドリル 7

漢字を使おう1 (2)

書いて覚えよう！

教33ページ
就 シュウ
上にはねる
12画 就就就就就就就就就就就就
就(だいのまげあし)
就職(しゅうしょく)　就学(しゅうがく)　就任(しゅうにん)　就航(しゅうこう)

教33ページ
仁 ジン
長く
4画 仁仁仁仁
仁(にんべん)
医は仁術(いはじんじゅつ)　仁徳(じんとく)　仁義(じんぎ)

教33ページ
俵 ヒョウ　たわら
おれてはねる
10画 俵俵俵俵俵俵俵俵俵俵
俵(にんべん)
土俵(どひょう)　一俵(いっぴょう)　米俵(こめだわら)　炭俵(すみだわら)

教33ページ
紅 コウ　べに
長く
9画 紅紅紅紅紅紅紅紅紅
紅(いとへん)
紅葉(こうよう)　紅茶(こうちゃ)　口紅(くちべに)　紅色(べにいろ)

教33ページ
縮 シュク　ちぢむ・ちぢまる・ちぢめる・ちぢれる・ちぢらす
とめる
17画 縮縮縮縮縮縮縮縮縮縮縮縮縮縮縮縮縮
縮(いとへん)
短く縮める(みじかくちぢめる)　縮小(しゅくしょう)　圧縮(あっしゅく)

1 読みがなを書きましょう。
28点(一つ4)

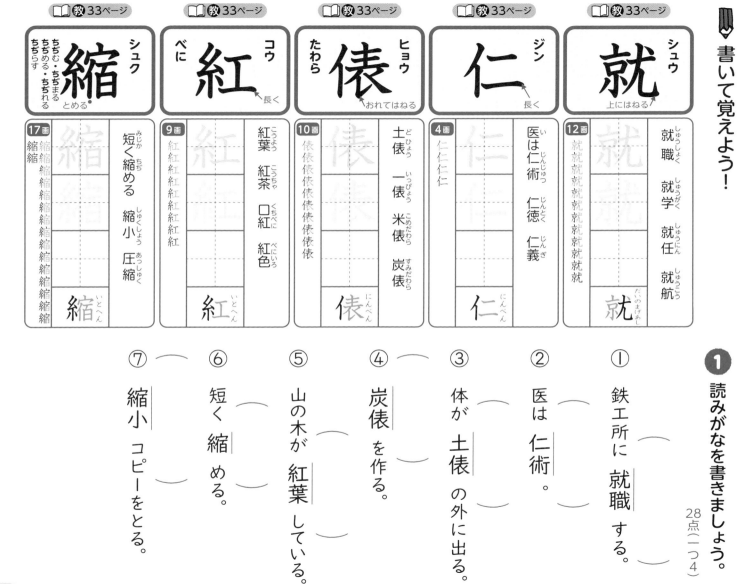

① 鉄工所に就職する。（　　）
② 医は仁術。（　　）
③ 体が土俵の外に出る。（　　）
④ 炭俵を作る。（　　）
⑤ 山の木が紅葉している。（　　）
⑥ 短く縮める。（　　）
⑦ 縮小コピーをとる。（　　）

裏のページに続くよ！

❷ あてはまる漢字を書きましょう。

72点（一つ9）

① 教頭先生が、新たに校長先生に［しゅうにん］された。

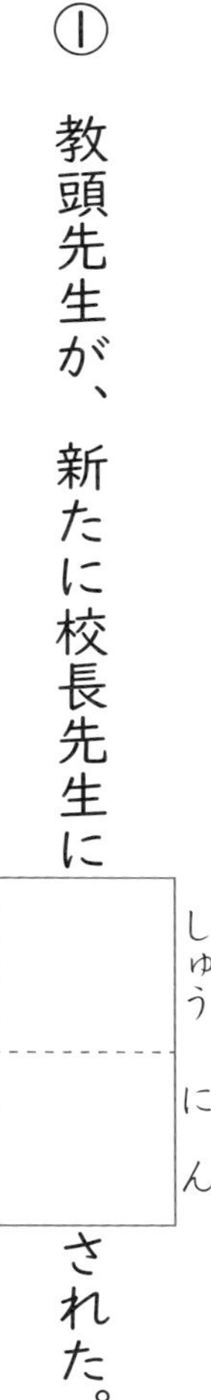

② ［じんぎ］に外れた行いはしないように努める。

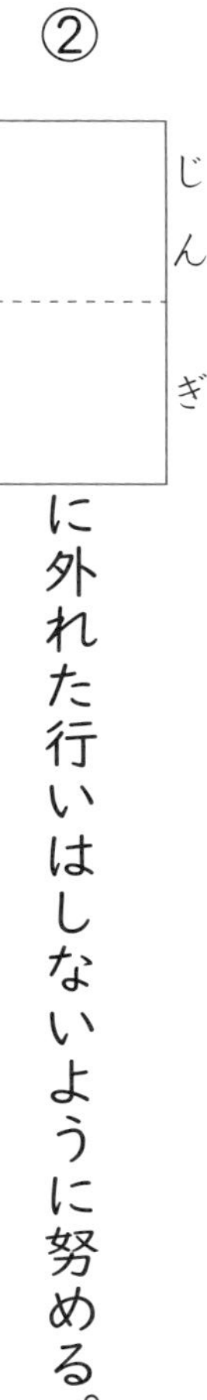

③ 大豆を［いっぴょう］ずつ運ぶ。

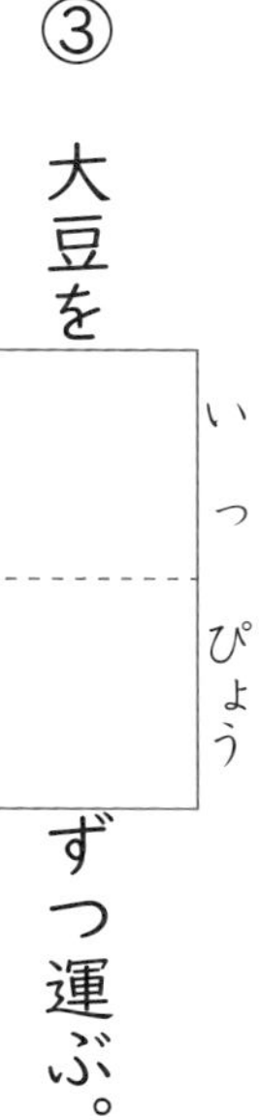

④ ［こめだわら］を倉庫に積み上げる。

⑤ お祝いに［こうはく］のもちを配る。

⑥ たこ焼きに［べに］しょうがを入れる。

⑦ 洗（せん）たくをしたら、服が［ちぢ］んでしまった。

⑧ 今週から［たんしゅく］授業が始まる。

ヒント ③「ぴょう」④「だわら」は、形が似ていて音も同じ「表」と書きまちがえないように注意しましょう。

きほんのドリル 8

漢字を使おう1 社会教育施設へ行こう (3)

(1)

時間 15分　合格80点　/100

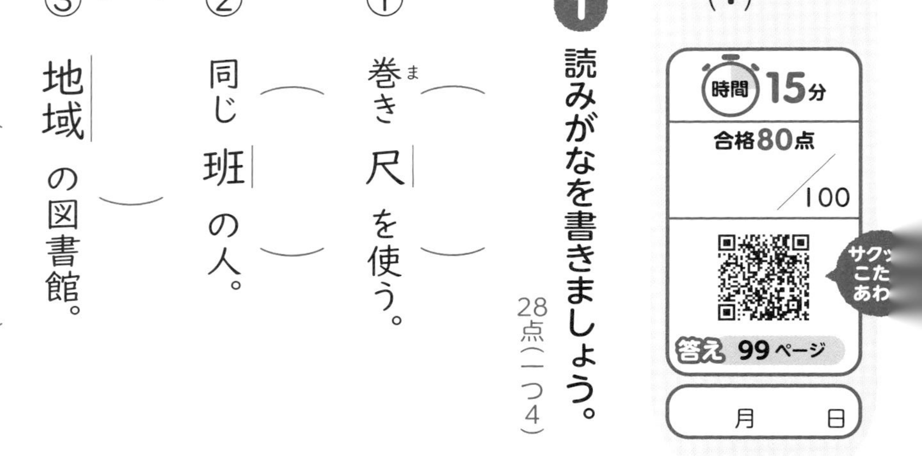

答え 99ページ

月　日

書いて覚えよう！

教 33ページ
尺 シャク（はらう）
4画　尺尺尺尺
巻き尺（まきじゃく）　尺度（しゃくど）　尺八（しゃくはち）
尺（しかばね・かばね）

教 33ページ
班 ハン（はらう）
10画　班班班班班班班班班班
同じ班（おなじはん）　班長（はんちょう）　班構成（はんこうせい）
班（たまへん・おうへん）

教 34ページ
域 イキ（わすれずに）
11画　域域域域域域域域域域域
地域（ちいき）　流域（りゅういき）　区域（くいき）　海域（かいいき）
域（つちへん）

教 34ページ
展 テン（長く）
10画　展展展展展展展展展展
展示（てんじ）　発展（はってん）　展開（てんかい）　展望台（てんぼうだい）
展（しかばね・かばね）

教 34ページ
郷 キョウ（「良」にしない）
11画　郷郷郷郷郷郷郷郷郷郷郷
郷土資料館（きょうどしりょうかん）　故郷（こきょう）　帰郷（ききょう）
郷（おおざと）

1 読みがなを書きましょう。
28点（一つ4）

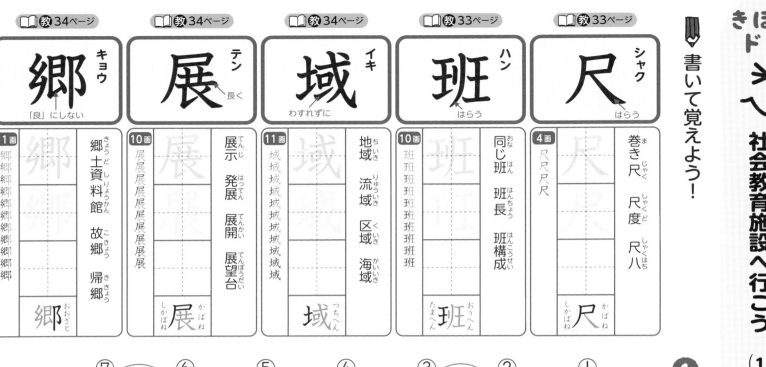

① 巻き尺を使う。（　　）
② 同じ班の人。（　　）
③ 地域の図書館。（　　）
④ 安全な区域に住む。（　　）
⑤ 資料を展示する。（　　）
⑥ 仕事が進展する。（　　）
⑦ 郷土資料館に行く。（　　）

教科書 33〜37ページ

← 裏のページに続くよ！

2 あてはまる漢字を書きましょう。

72点（一つ9）

① ［しゃくはち］のすばらしい演奏(そう)をきく。

② 修学旅行で［はんべつ］行動をする。

③ 今年から集団登校の［はんちょう］を務める。

④ 世界のいくつかの大河の［りゅういき］では文明が栄えた。

⑤ この歌手はとても［おんいき］が広い。

⑥ 日本の産業が［はってん］した要因を考える。

⑦ ビルの［てんぼうだい］から景色を楽しむ。

⑧ 祖母が作る［きょうど］料理はとてもおいしい。

⑧「きょう」の「⾉」を「良」と書かないように注意しましょう。

きほんのドリル 9

社会教育施設へ行こう 意見を聞いて考えよう (2)

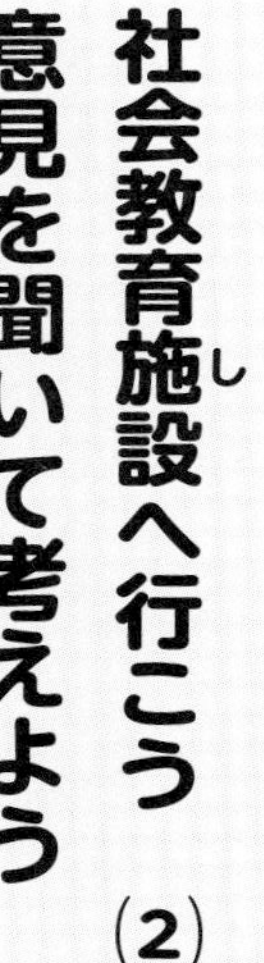

書いて覚えよう!

教 34ページ

映 エイ うつる うつす（出る）

9画 映映映映映映映映映

映像（えいぞう） 映画（えいが） 鏡（かがみ）に映（うつ）す

映（ひへん）

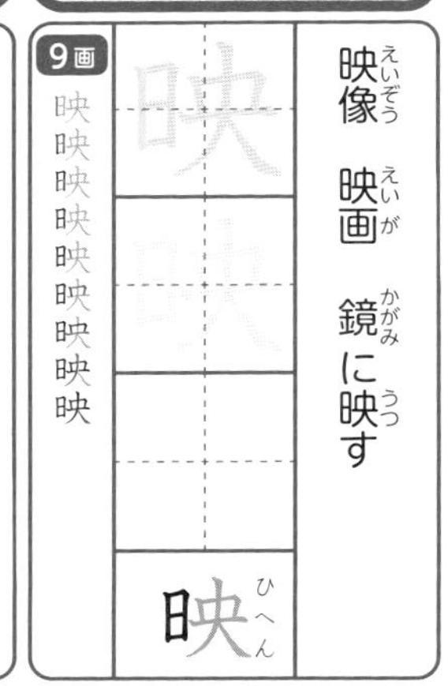

教 36ページ

覧 ラン（上にはねる）

17画

回覧板（かいらんばん） 一覧（いちらん） 観覧（かんらん） 展覧会（てんらんかい）

覧（みる）

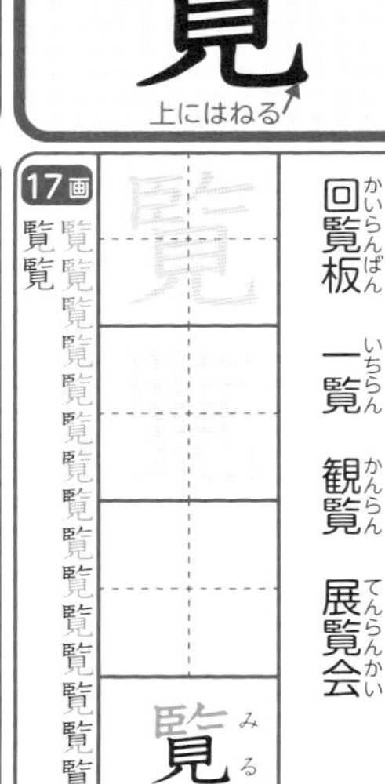

教 40ページ

異 イ こと（長く）

11画 異異異異異異異異異異異

考（かんが）えが異（こと）なる 異国（いこく） 異常（いじょう）

異（た）

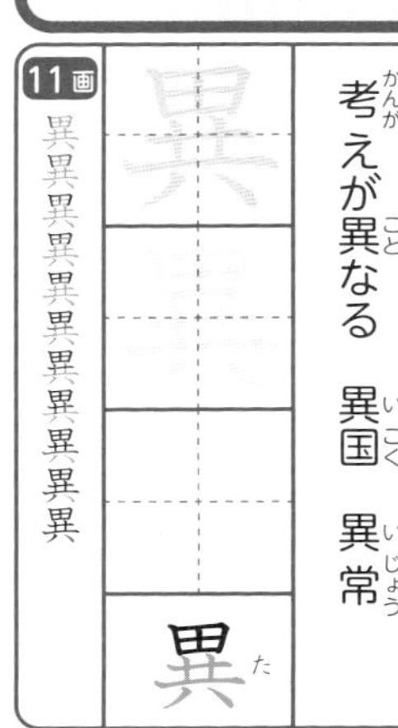

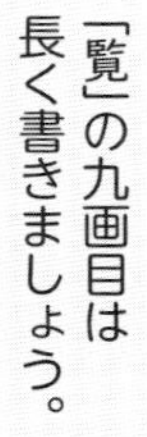

「覧」の九画目は長く書きましょう。

1 読みがなを書きましょう。 28点（一つ4）

① 映像（　　）などの資料。

② 画面に 映（　　）す。

③ 水面に顔が 映（　　）る。

④ 回覧板（　　）を回す。

⑤ 文化財の 一覧（　　）を作る。

⑥ 考えが 異（　　）なる。

⑦ 異常（　　）な暑さ。

裏のページに続くよ!

2 あてはまる漢字を書きましょう。

72点（一つ9）

① 今週末は、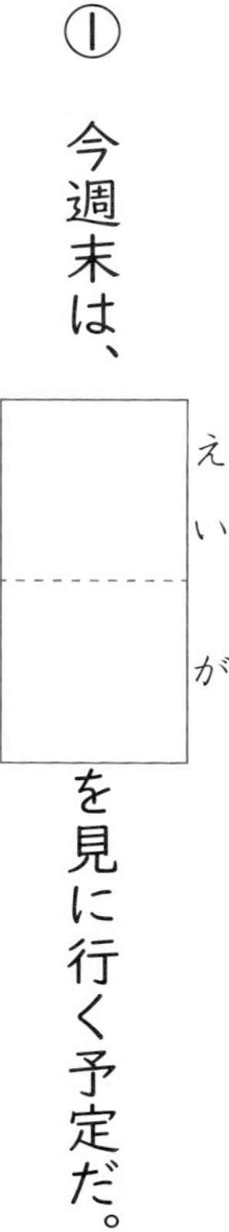（えいが）を見に行く予定だ。

② ねこが、鏡に（うつ）る自分の姿にとまどう。

③ 先生が授業で使うスライドを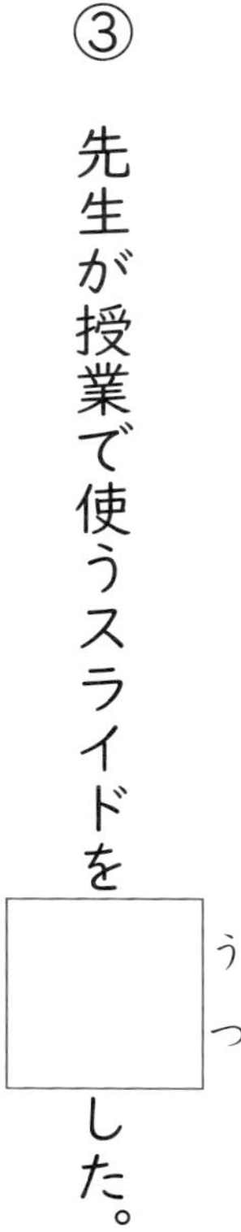（うつ）した。

④ 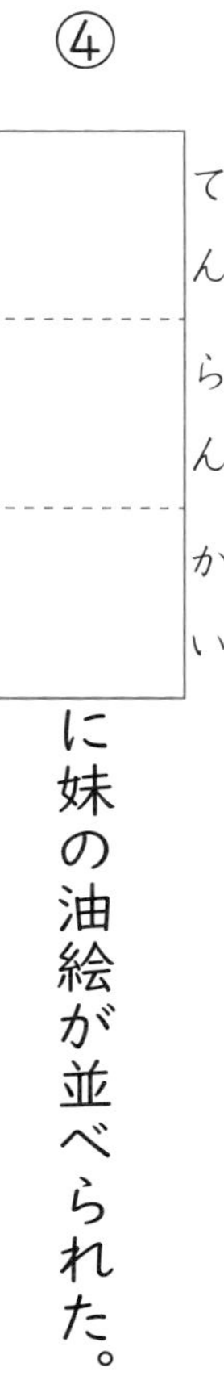（てんらんかい）に妹の油絵が並べられた。

⑤ 遊園地で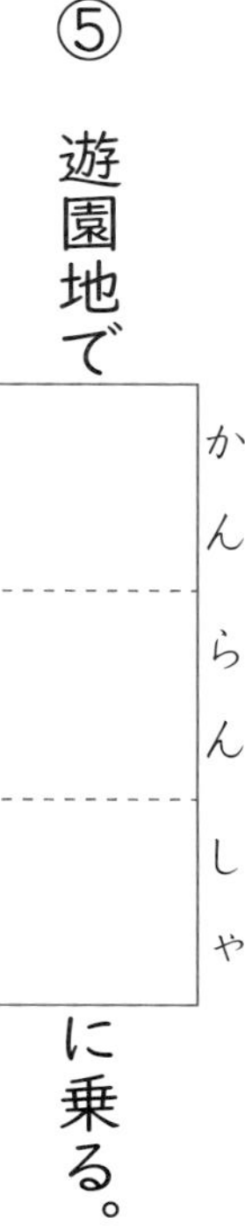（かんらんしゃ）に乗る。

⑥ このところ、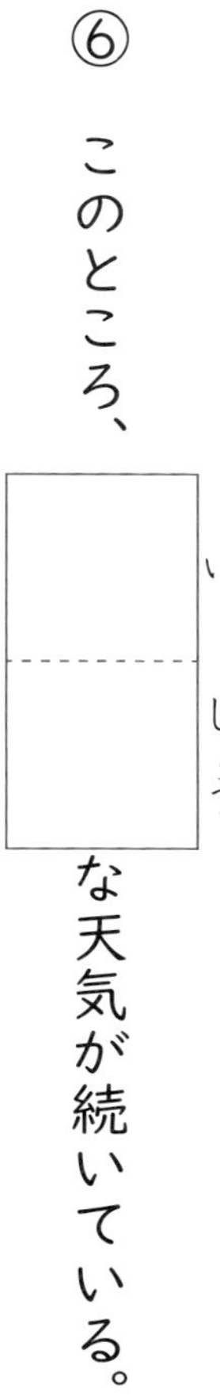（いじょう）な天気が続いている。

⑦ 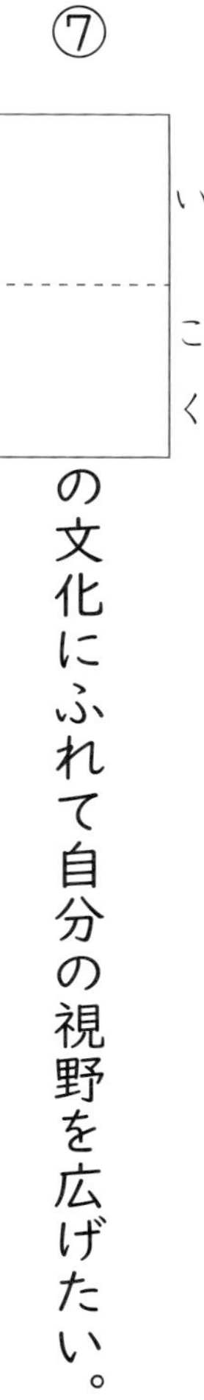（いこく）の文化にふれて自分の視野を広げたい。

⑧ 自分と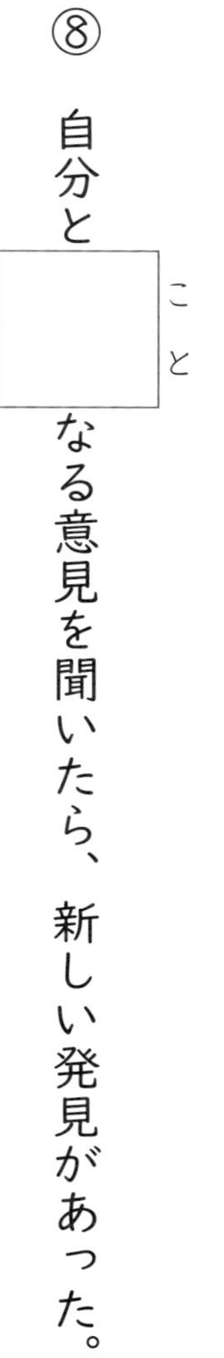（こと）なる意見を聞いたら、新しい発見があった。

ヒント ②「うつ(る)」は、光の反射（しゃ）によって、物の姿が現れるという意味です。「写る」と書かないように注意しましょう。

まとめのドリル10 たずね合って考えよう～意見を聞いて考えよう

時間 20分
合格80点
/100
答え 99ページ
月 日

1 漢字の読みがなを書きましょう。 48点(一つ4)

① スクリーンに映像（　　）が流れる。

② 足りない分を補（　　）う。

③ 展覧会（　　）でさまざまな作品を見る。

④ 祖父は尺八（　　）の演奏（そう）がとても上手だ。

⑤ 姉はいま就職（　　）活動をしている。

⑥ 姿勢（　　）を正していすにすわる。

⑦ 故郷（　　）の並木道（　　）を母と歩く。

⑧ 窓（　　）を開けたままにしていたのを忘（　　）れていた。

⑨ 幼（　　）い弟と郵便局（　　）まで手紙を出しに行く。

教科書 14～43ページ

← 裏のページに続くよ！

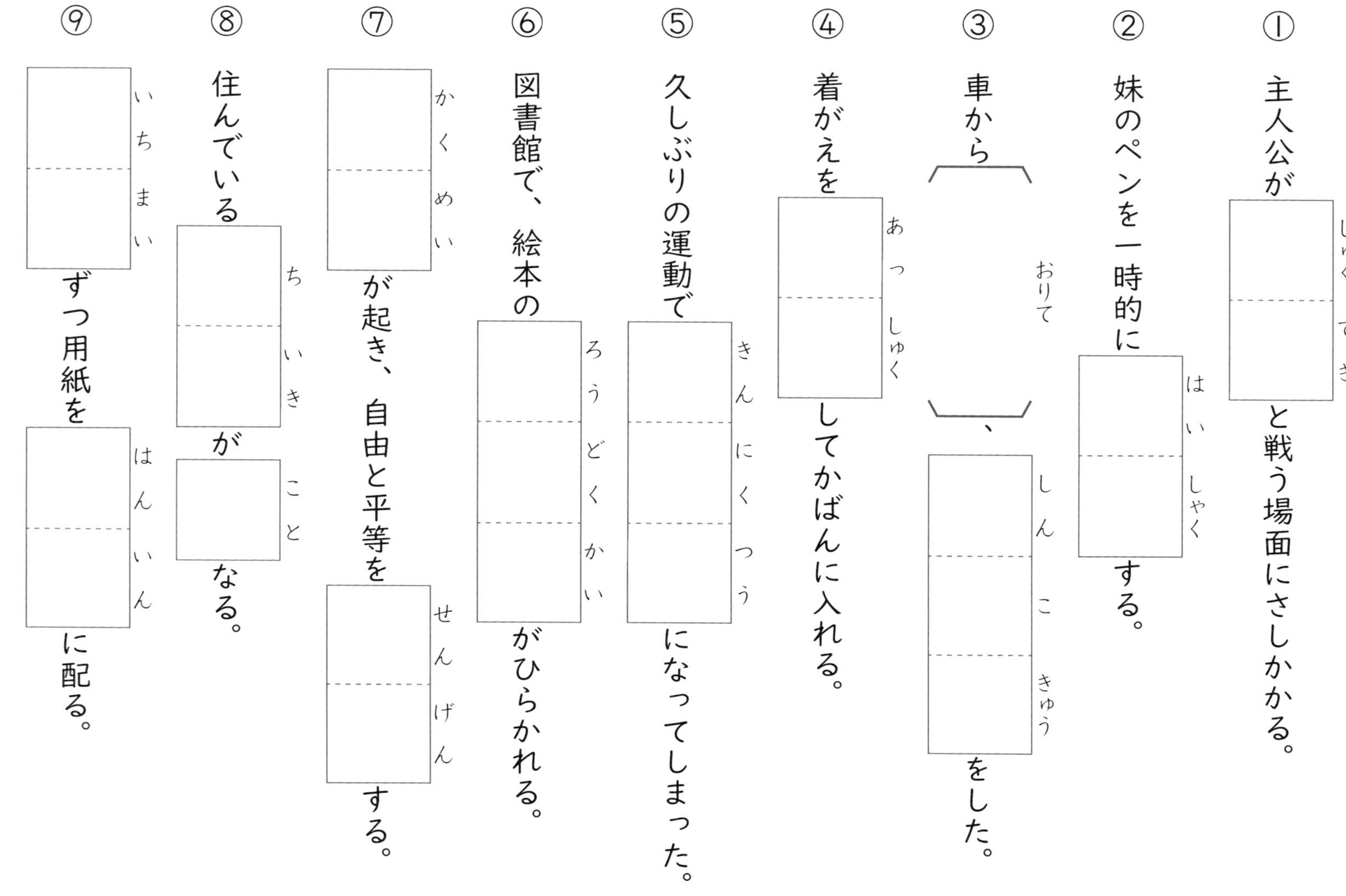

2 あてはまる漢字を書きましょう。〔　〕には漢字とひらがなを書きましょう。

52点（一つ4）

① 主人公が［しゅくてき］と戦う場面にさしかかる。

② 妹のペンを一時的に［はいしゃく］する。

③ 車から〔おりて〕、［しんこきゅう］をした。

④ 着がえを［あっしゅく］してかばんに入れる。

⑤ 久しぶりの運動で［きんにくつう］になってしまった。

⑥ 図書館で、絵本の［ろうどくかい］がひらかれる。

⑦ ［かくめい］が起き、自由と平等を［せんげん］する。

⑧ 住んでいる［ちいき］が［こと］なる。

⑨ ［いちまい］ずつ用紙を［はんいん］に配る。

三字以上の熟語の構成（1）

時間 15分　合格80点　／100　答え 100ページ　月　日

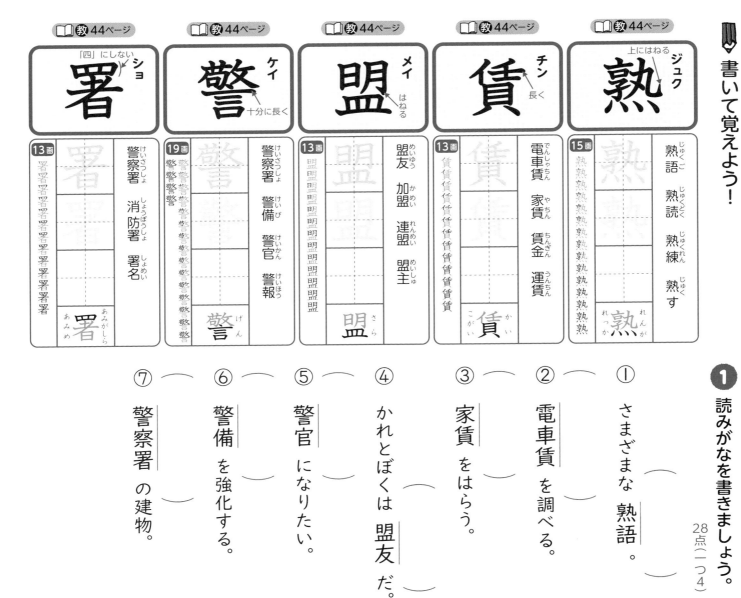

書いて覚えよう！

教 44ページ
熟（ジュク）上にはねる　15画
熟語（じゅくご）　熟読（じゅくどく）　熟練（じゅくれん）　熟す（じゅくす）
れっか／れんが　熟

教 44ページ
賃（チン）長く　13画
電車賃（でんしゃちん）　家賃（やちん）　賃金（ちんぎん）　運賃（うんちん）
こがい／かい　賃

教 44ページ
盟（メイ）はねる　13画
盟友（めいゆう）　加盟（かめい）　連盟（れんめい）　盟主（めいしゅ）
さら　盟

教 44ページ
警（ケイ）十分に長く　19画
警察署（けいさつしょ）　警備（けいび）　警官（けいかん）　警報（けいほう）
げん　警

教 44ページ
署（ショ）「四」にしない　13画
警察署（けいさつしょ）　消防署（しょうぼうしょ）　署名（しょめい）
あみがしら／あみめ　署

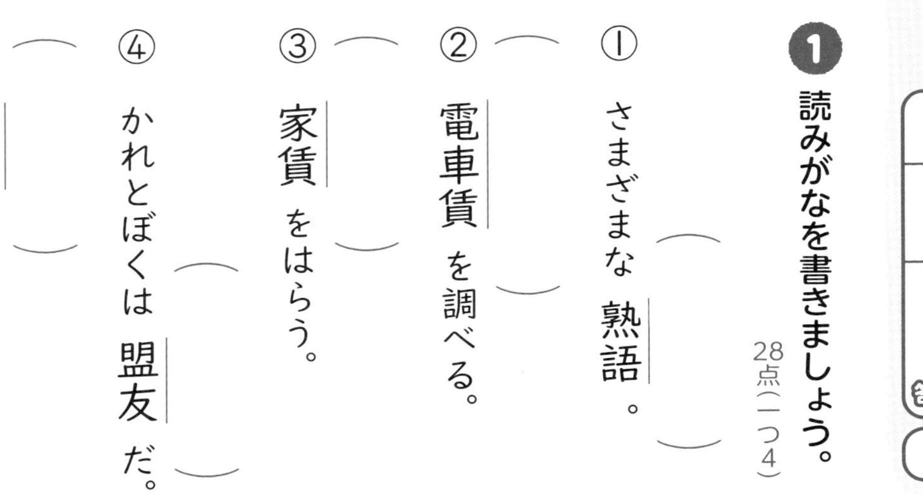

1 読みがなを書きましょう。　28点（一つ4）

① さまざまな 熟語。（　　）
② 電車賃 を調べる。（　　）
③ 家賃 をはらう。（　　）
④ かれとぼくは 盟友 だ。（　　）
⑤ 警官 になりたい。（　　）
⑥ 警備 を強化する。（　　）
⑦ 警察署 の建物。（　　）

裏のページに続くよ！

2 あてはまる漢字を書きましょう。

72点（一つ9）

① 庭にあるかきの実が□（じゅく）した。

② ぼくのサッカーの技術はまだまだ□□（みじゅく）だ。

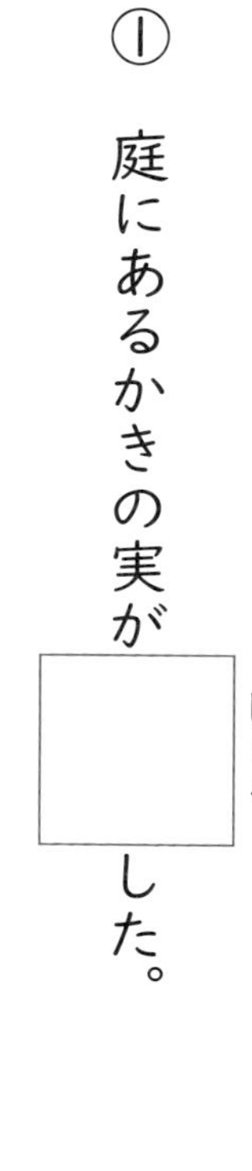

③ 母は□□（ちんぎん）が上がって喜んでいる。

④ 国際的な団体に□□（かめい）する。

⑤ アフリカの国々と□□（どうめい）を結ぶ。

⑥ 兄は□□□（けいさつしょ）に勤（つと）めている。

⑦ 大雨□□（けいほう）のため、家から出なかった。

⑧ 駅前で□□（しょめい）活動が行われている。

ヒント ⑥⑧「しょ」の「罒」を「四」と書かないように注意しましょう。

きほんのドリル 12

三字以上の熟語の構成 (2)

時間 15分　合格80点　/100

答え100ページ

月　日

書いて覚えよう！

蚕（教44ページ）
サン　かいこ
長く
10画
養蚕業（ようさんぎょう）　養蚕（ようさん）　蚕（かいこ）を飼（か）う
部首：虫（むし）

善（教44ページ）
ゼン　よい
のばす
12画
改善（かいぜん）　親善（しんぜん）　善（よ）い行（おこな）い
部首：口（くち）

臨（教45ページ）
リン
「口」の大きさに注意
18画
臨時列車（りんじれっしゃ）　臨機応変（りんきおうへん）　臨海（りんかい）
部首：臣（しん）

宇（教45ページ）
ウ
長く
6画
宇宙（うちゅう）　宇宙飛行士（うちゅうひこうし）　宇治茶（うじちゃ）
部首：宀（うかんむり）

宙（教45ページ）
チュウ
出る
8画
宇宙（うちゅう）　宇宙船（うちゅうせん）　宙返（ちゅうがえ）り
部首：宀（うかんむり）

1 読みがなを書きましょう。　28点（一つ4）

① <u>養蚕業</u>（　　）を営む。

② <u>蚕</u>（　　）を育てる。

③ 生活が<u>改善</u>（　　）される。

④ <u>善</u>（　　）い行いを心がける。

⑤ <u>臨時</u>（　　）列車に乗る。

⑥ <u>宇宙</u>（　　）に関する展示。

⑦ <u>宙返</u>（　　）りができる。

裏のページに続くよ！

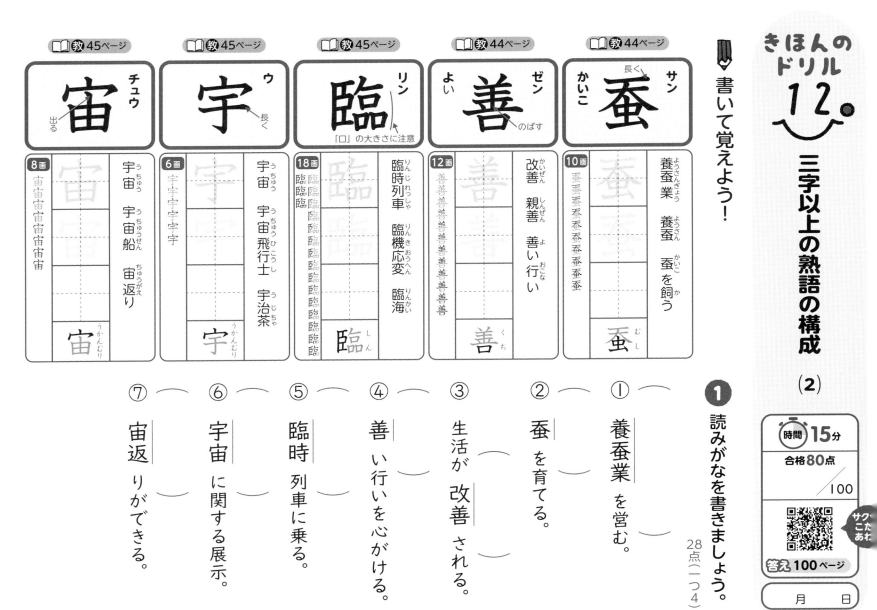

2 あてはまる漢字を書きましょう。

72点（一つ9）

① （かいこ）□は、くわの葉を食べる。

② （ようさんぎょう）□□□で生計をたてて暮らす。

③ （ぜんあく）□□のけじめをつける。

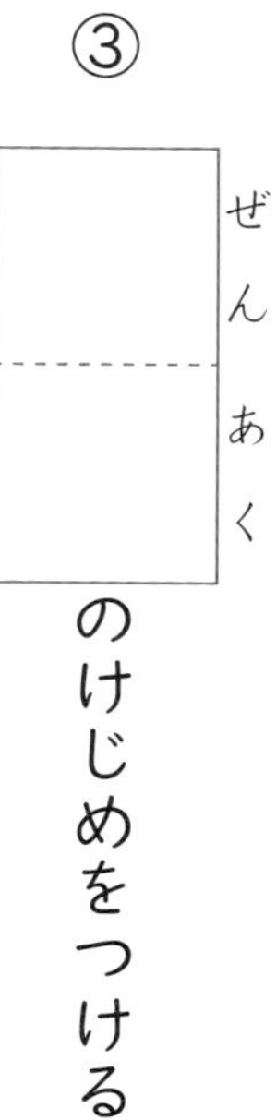

④ （よ）□い行いをすれば、きっと幸運がおとずれる。

⑤ （りんき）□□応変に物事を処理する。

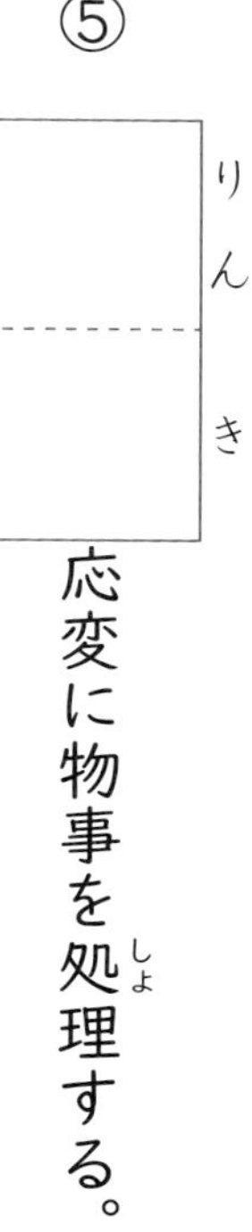

⑥ 卒業式に多くの保護者が（りんせき）□□する。

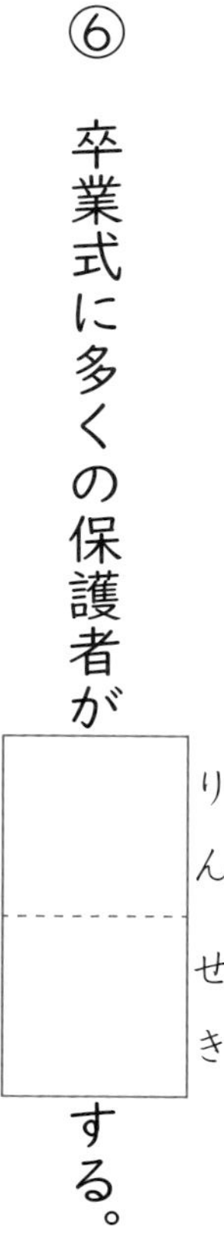

⑦ 妹は（うちゅう）□□に行くことを夢見ている。

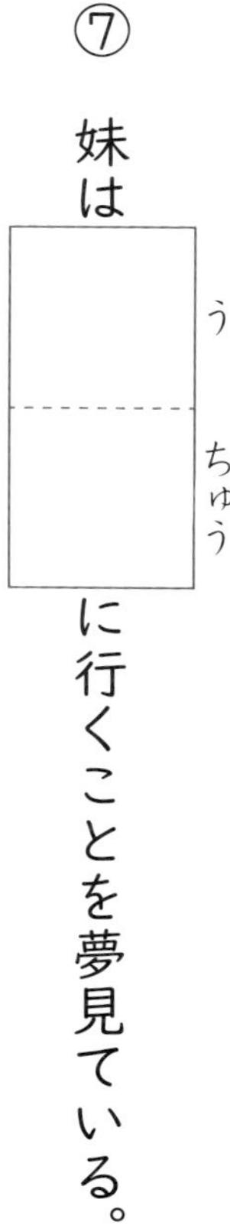

⑧ 体が（ちゅう）□にうく手品を見て、目を丸くする。

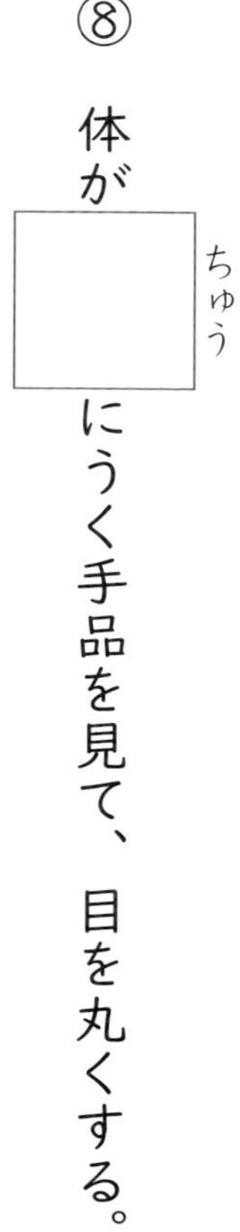

ヒント ⑦「う」の五画目は長く書きましょう。

きほんのドリル 13

三字以上の熟語の構成 (3)
イースター島にはなぜ森林がないのか (1)

時間 15分　合格80点　/100

答え 100ページ

月　日

書いて覚えよう！

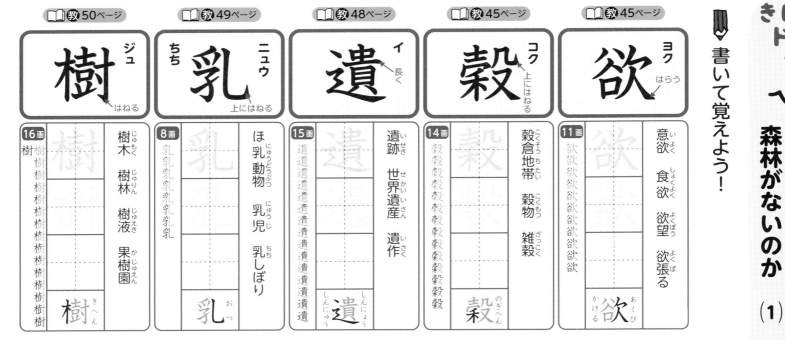

教 45ページ
欲（ヨク）11画 はらう
意欲（いよく）　食欲（しょくよく）　欲望（よくぼう）　欲張る（よくばる）
欲（あくび・かける）

教 45ページ
穀（コク）14画 上にはねる
穀倉地帯（こくそうちたい）　穀物（こくもつ）　雑穀（ざっこく）
穀（のぎへん）

教 48ページ
遺（イ）15画 長く
遺跡（いせき）　世界遺産（せかいいさん）　遺作（いさく）
遺（しんにょう・しんにゅう）

教 49ページ
乳（ニュウ・ちち）8画 上にはねる
ほ乳動物（にゅうどうぶつ）　乳児（にゅうじ）　乳しぼり（ちち）
乳（おつ）

教 50ページ
樹（ジュ）16画 はねる
樹木（じゅもく）　樹林（じゅりん）　樹液（じゅえき）　果樹園（かじゅえん）
樹（きへん）

1 読みがなを書きましょう。 28点（一つ4）

① 勝ちたい 意欲（　　）がある。

② 欲張（　　）りな犬。

③ 日本の 穀倉（　　）地帯。

④ 島に残る 遺（　　）せき。

⑤ ほ 乳（　　）動物が生息する。

⑥ やぎの 乳（　　）をしぼる。

⑦ 樹木（　　）の花粉が飛ぶ。

教科書 44〜58ページ

裏のページに続くよ！

2 あてはまる漢字を書きましょう。

72点（一つ9）

① 熱が下がって（しょくよく）が出てきた。

② 雨続きで外で遊べないので、（よっきゅう）不満だ。

③ （こくもつ）を倉庫に運んで保管する。

④ 世界（いさん）に登録されることを目指している建築物。

⑤ （ぎゅうにゅう）を少し温めて飲む。

⑥ 初めて牛の（ちち）しぼりを体験する。

⑦ （かじゅえん）でぶどうがりをする。

⑧ （じゅもく）は酸素を出し、二酸化炭素を吸収（しゅう）する。

ヒント ①「よく」②「よっ」の、右側を「欠」にしないように注意しましょう。

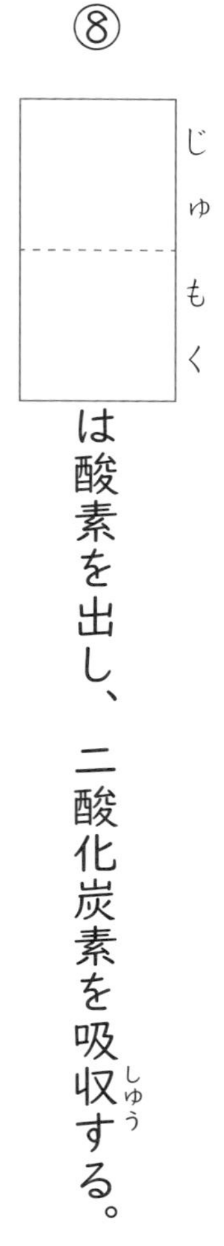
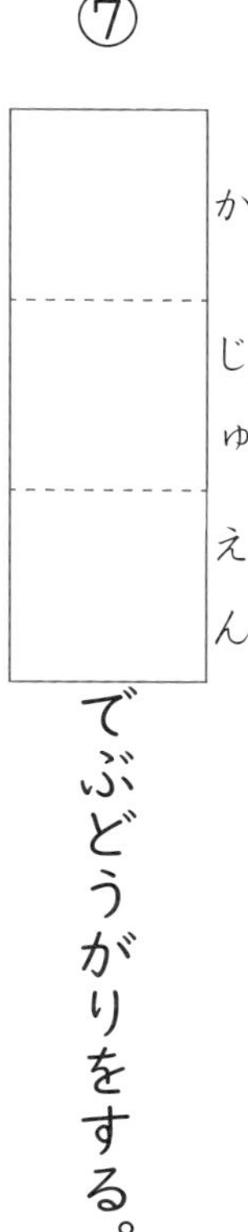

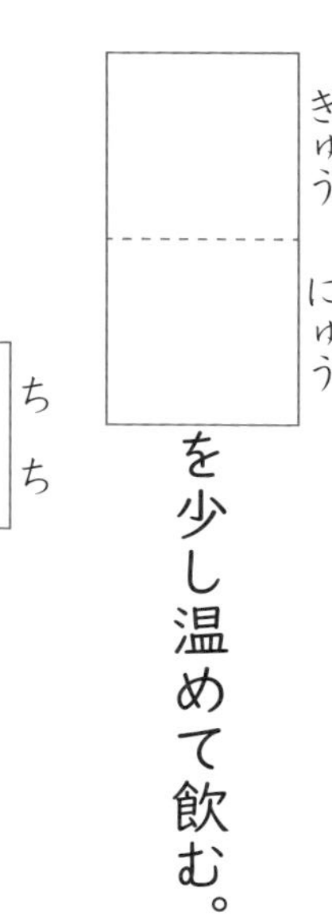
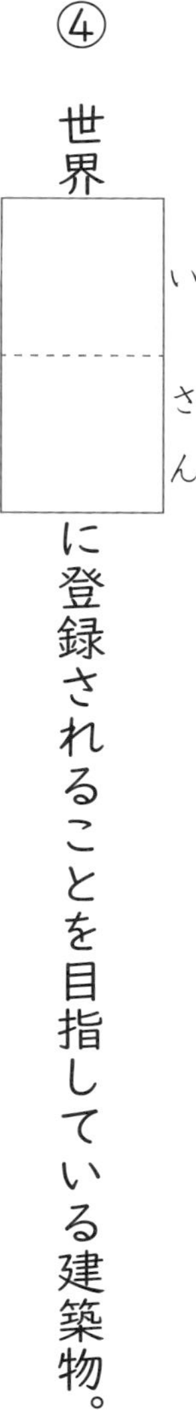
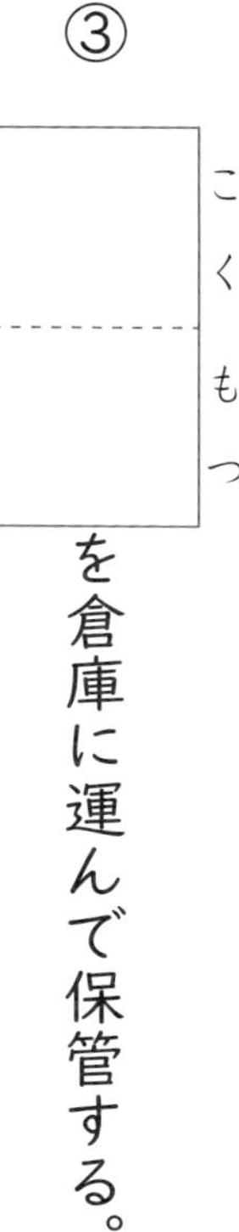
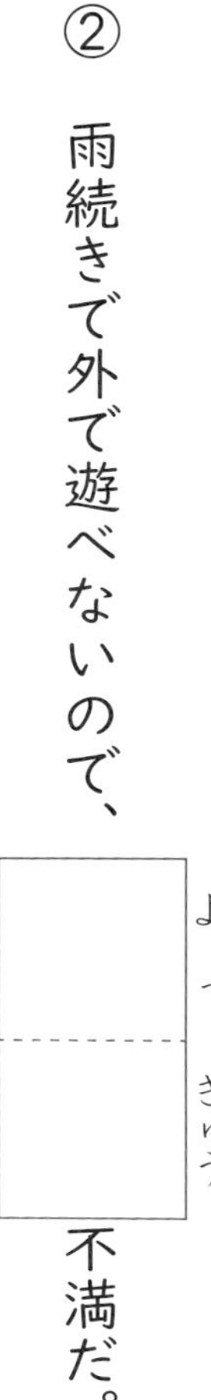

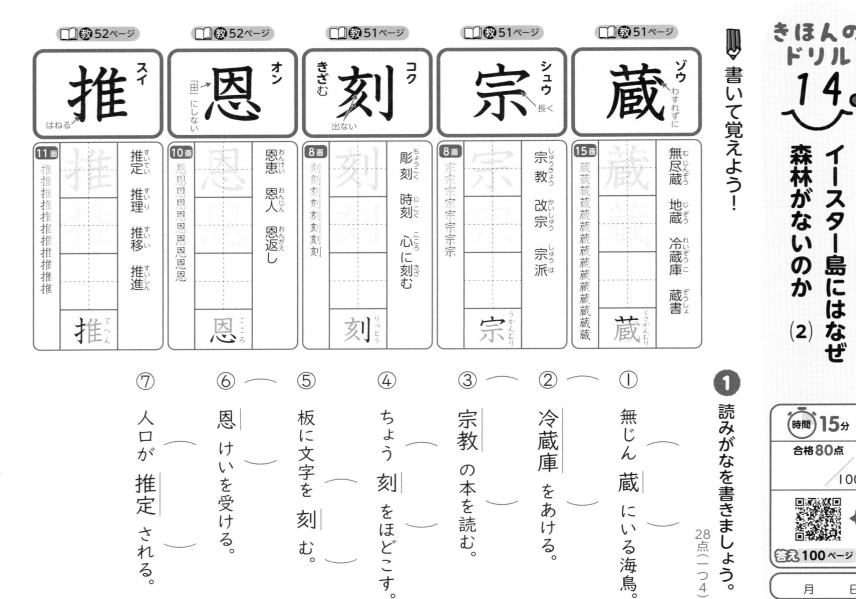

きほんのドリル 14

イースター島にはなぜ森林がないのか (2)

時間 15分　合格80点　／100

答え 100ページ

月　日

書いて覚えよう！

漢字	読み	注意	画数	筆順	ことば	部首
蔵（教51ページ）	ゾウ	わすれずに	15画	蔵蔵蔵蔵蔵蔵蔵蔵蔵蔵蔵蔵蔵蔵蔵	無尽蔵（むじんぞう）　地蔵（じぞう）　冷蔵庫（れいぞうこ）　蔵書（ぞうしょ）	蔵（くさかんむり）
宗（教51ページ）	シュウ	長く	8画	宗宗宗宗宗宗宗宗	宗教（しゅうきょう）　改宗（かいしゅう）　宗派（しゅうは）	宗（うかんむり）
刻（教51ページ）	コク／きざむ	出ない	8画	刻刻刻刻刻刻刻刻	彫刻（ちょうこく）　時刻（じこく）　心（こころ）に刻（きざ）む	刻（りっとう）
恩（教52ページ）	オン	「田」にしない	10画	恩恩恩恩恩恩恩恩恩恩	恩恵（おんけい）　恩人（おんじん）　恩返（おんがえ）し	恩（こころ）
推（教52ページ）	スイ	はねる	11画	推推推推推推推推推推推	推定（すいてい）　推理（すいり）　推移（すいい）　推進（すいしん）	推（てへん）

1 読みがなを書きましょう。 28点（一つ4）

① 無じん蔵（　　）にいる海鳥。

② 冷蔵庫（　　）をあける。

③ 宗教（　　）の本を読む。

④ ちょう刻（　　）をほどこす。

⑤ 板に文字を刻（　　）む。

⑥ 恩（　　）けいを受ける。

⑦ 人口が推定（　　）される。

← 裏のページに続くよ！

2 あてはまる漢字を書きましょう。

72点（一つ9）

① 災害に備えて、食料を［ちょぞう］しておく。

② 仏教には、いくつかの［しゅう］派（は）がある。

③ 武士の中には、キリスト教に［かいしゅう］した人物もいた。

④ ［しんこく］な事態をさけるために、対策（さく）を練る。

⑤ ［きざ］んだ野菜を冷とう庫にしまっておく。

⑥ つるが［おん］返しをする話を読む。

⑦ 市の人口の［すいい］をグラフで表す。

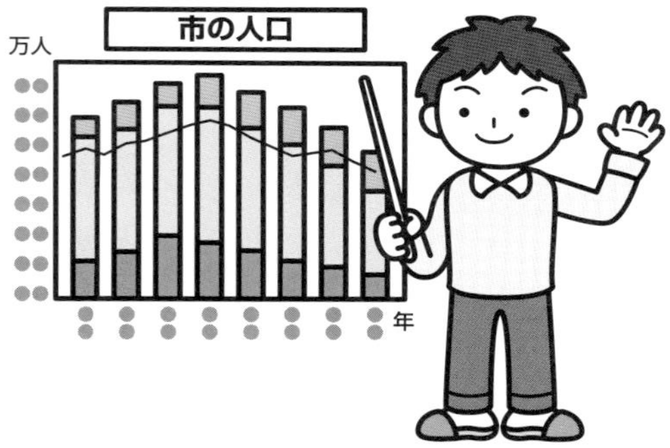

⑧ ［すいり］小説をときどき読む。

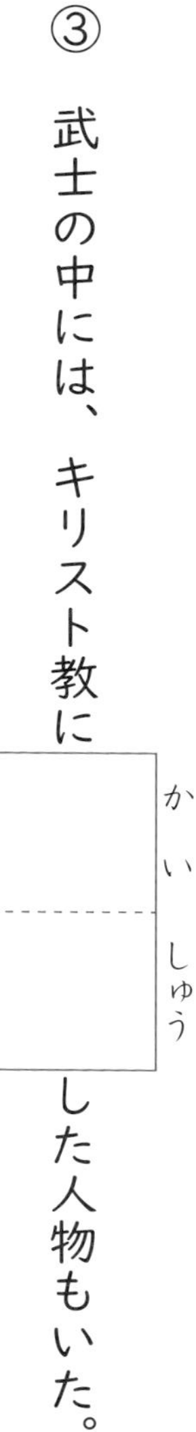
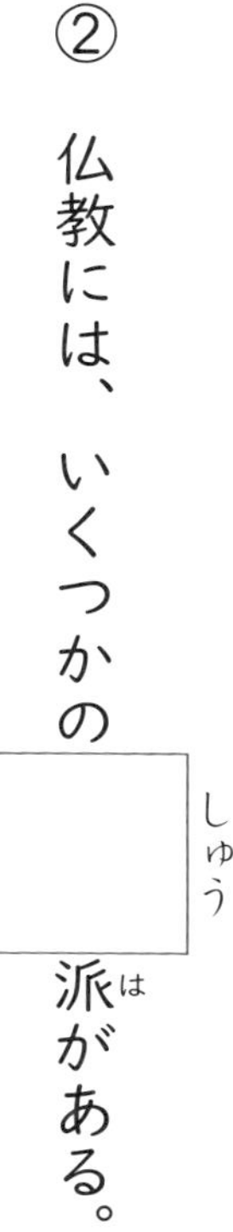
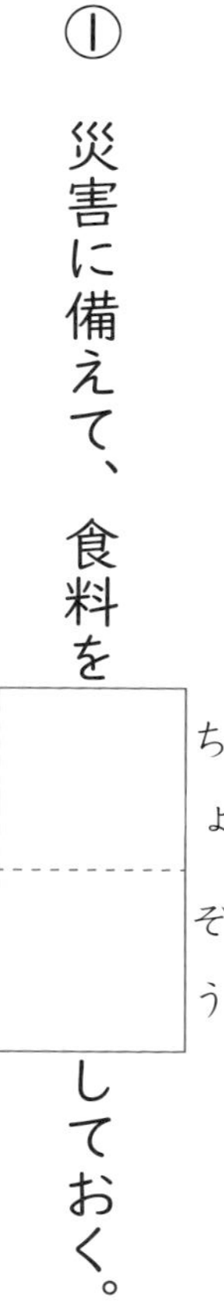

ヒント ⑥「おん」を、「思」と書かないようにしましょう。

きほんのドリル 15。

イースター島にはなぜ森林がないのか (3)

時間 15分　合格80点　／100

答え 100ページ

月　日

書いて覚えよう！

漢字	読み	画数	ことば	教科書
存	ソン・ゾン	6画	存在　存続　保存　生存	教52ページ
暮	くれる・くらす	14画	暮らし　夕暮れ　年の暮れ	教52ページ
供	キョウ・とも・そなえる	8画	供給　水を供える　子供	教52ページ
系	ケイ	7画	生態系　銀河系　太陽系	教53ページ
誤	ゴ・あやまる	14画	方法を誤る　誤字　誤解	教55ページ

1 読みがなを書きましょう。　28点（一つ4）

① 長年存在する木。（　　）

② 暮らしが楽になる。（　　）

③ 持続的に供給される。（　　）

④ 墓前に花を供える。（　　）

⑤ 生態系へのえいきょう。（　　）

⑥ 方法を誤る。（　　）

⑦ 誤字を正す。（　　）

裏のページに続くよ！

72点（一つ9）

2 あてはまる漢字を書きましょう。

① 倉庫に大切なものを［ほぞん］する。

② 日が［く］れるのが早くなってきた。

③ この野菜は農家から［ていきょう］されたものだ。

④ 仏だんに花と水を［そな］える。

⑤ ［たいようけい］のわく星の名前を覚える。

⑥ 姉は［がいしけい］の会社に勤(つと)めている。

⑦ ［ごかい］を招くような行動をしない。

⑧ 駅に向かう道を［あやま］り、遠回りしてしまった。

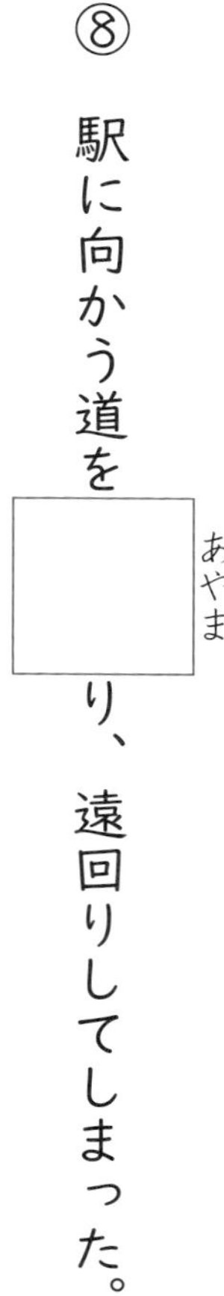
ヒント ⑦「ご」⑧「あやま(る)」の十一画目は、一筆で書きましょう。

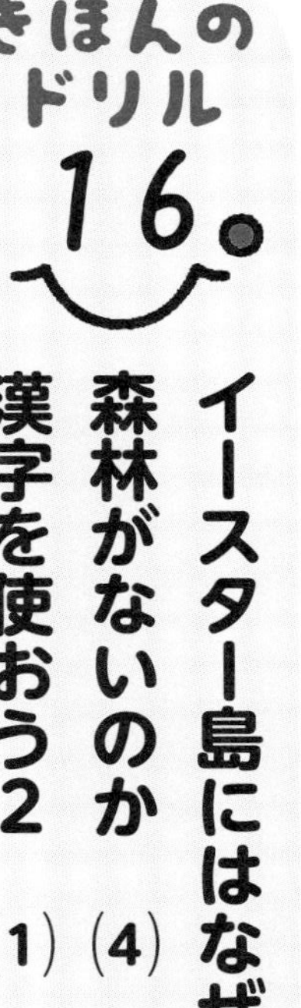

きほんのドリル 16。

イースター島にはなぜ森林がないのか (1)
漢字を使おう2 (4)

時間 15分　合格80点　/100　答え 100ページ　月　日

書いて覚えよう！

傷（教55ページ）13画
ショウ・きず
傷口（きずぐち）　傷つく（きずつく）　負傷（ふしょう）　感傷的（かんしょうてき）
にんべん

厳（教55ページ）17画
ゲン・きびしい
厳しい練習（きびしいれんしゅう）　厳守（げんしゅ）　厳重（げんじゅう）
つかんむり

論（教56ページ）15画
ロン
異論（いろん）　議論（ぎろん）　論争（ろんそう）　結論（けつろん）
ごんべん

段（教56ページ）9画
ダン
値段（ねだん）　段落（だんらく）　手段（しゅだん）　段差（だんさ）
るまた・ほこづくり

胃（教59ページ）9画
イ
胃の働き（いのはたらき）　胃腸（いちょう）
にく

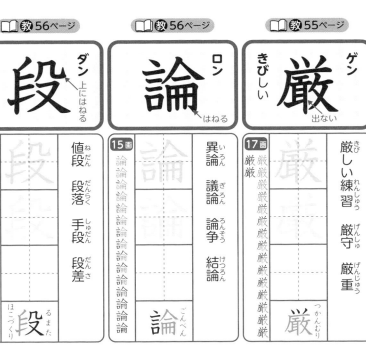

1 読みがなを書きましょう。 28点（一つ4）

① 傷口（　　）を消毒する。

② 厳（　　）しい練習。

③ 時間厳守（　　）でお願いします。

④ 異論（　　）を唱える。

⑤ 段差（　　）に気をつける。

⑥ よい手段（　　）を思いつく。

⑦ 胃（　　）の働き。

裏のページに続くよ！

教科書 46〜59ページ

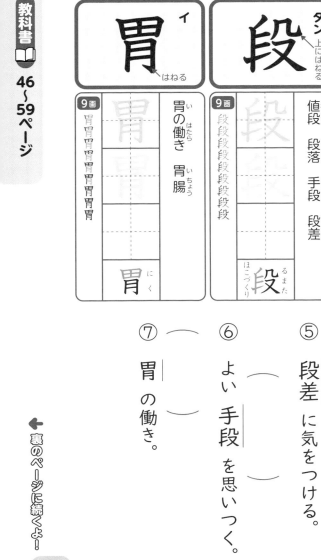

2 あてはまる漢字を書きましょう。

72点（一つ9）

① 転んで、ひざにすり［きず］を負った。

② この事故で三人が［ふしょう］した。

③ 美術館の絵画が、［げんじゅう］に警備されている。

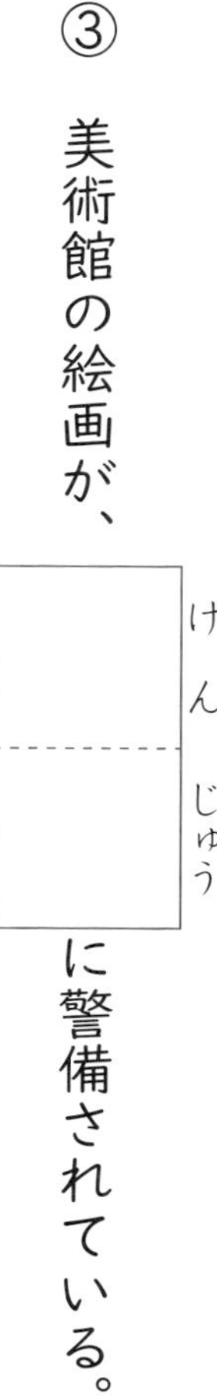

④ 今年は［きび］しい暑さが続いている。

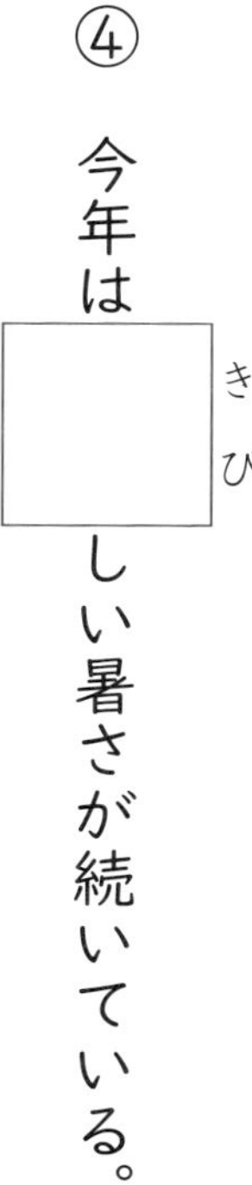

⑤ ささいなことで友達と［こうろん］になる。

⑥ 小さな子どもが［かいだん］を上がっている。

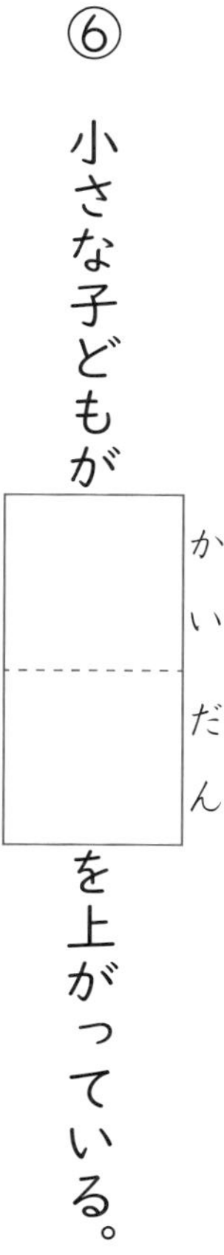

⑦ ひと［だんらく］ついたので休けいしましょう。

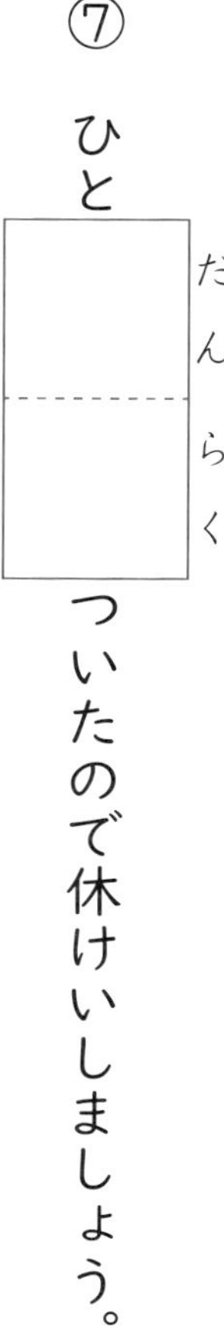

⑧ かぜを引き、［い］にやさしいものを食べる。

ヒント ①「きず」②「しょう」の九画目を忘れないように注意しましょう。

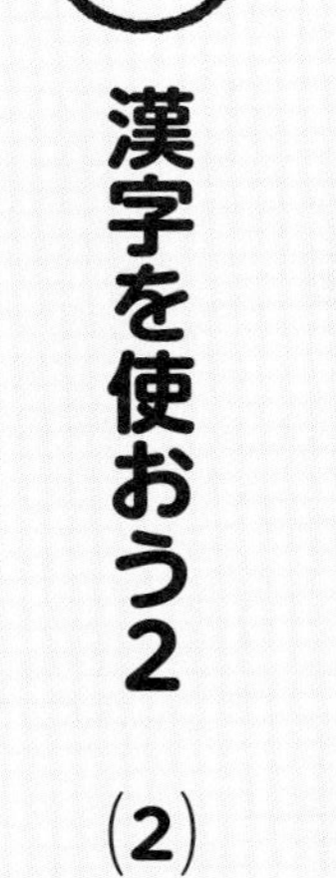

きほんのドリル 17 漢字を使おう2 (2)

書いて覚えよう！

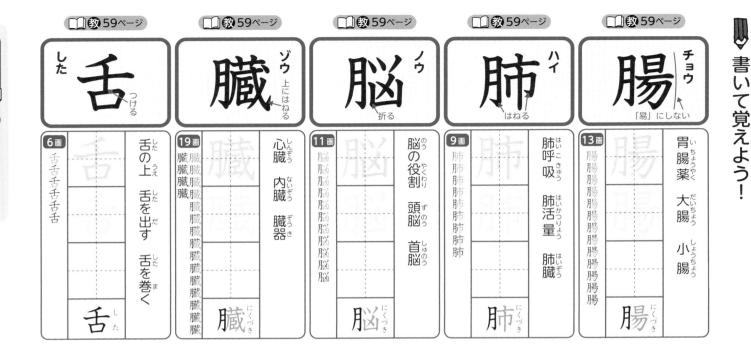

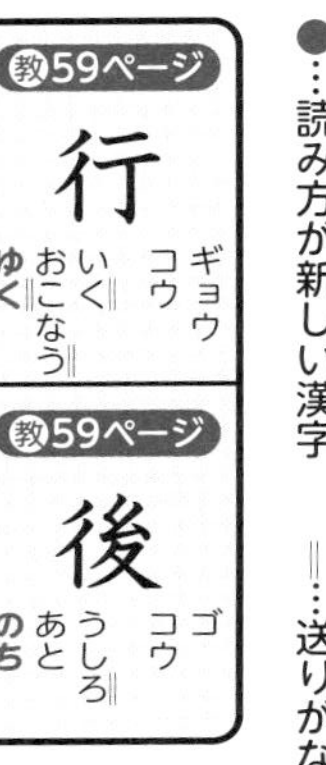

腸（教59ページ） チョウ 「昜」にしない 13画
胃腸薬（いちょうやく） 大腸（だいちょう） 小腸（しょうちょう） 腸（にくづき）

肺（教59ページ） ハイ はねる 9画
肺呼吸（はいこきゅう） 肺活量（はいかつりょう） 肺臓（はいぞう） 肺（にくづき）

脳（教59ページ） ノウ 折る 11画
脳の役割（のうのやくわり） 頭脳（ずのう） 首脳（しゅのう） 脳（にくづき）

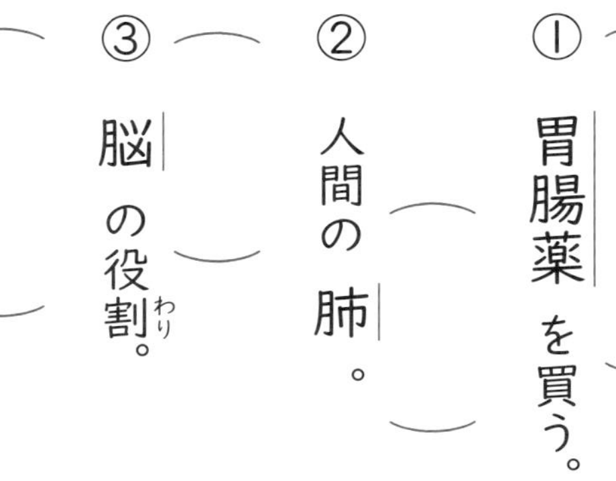

臓（教59ページ） ゾウ 上にはねる 19画
心臓（しんぞう） 内臓（ないぞう） 臓器（ぞうき） 臓（にくづき）

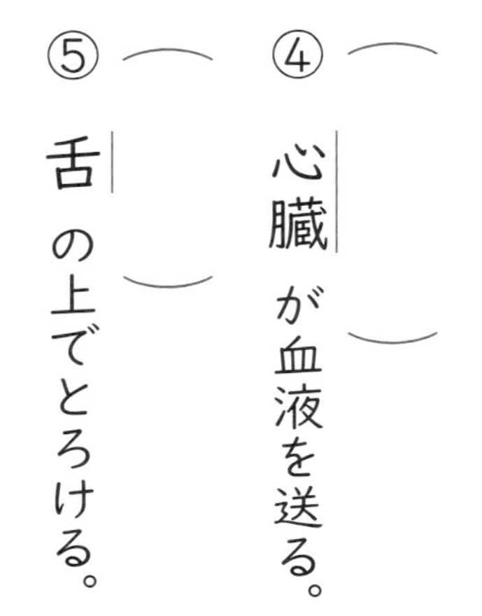

舌（教59ページ） した つける 6画
舌の上（したのうえ） 舌を出す（したをだす） 舌を巻く（したをまく） 舌（した）

読んでおぼえよう！

●…読み方が新しい漢字　‖…送りがな

行（教59ページ） ギョウ コウ いく おこなう ゆく	戸（教59ページ） と コ
後（教59ページ） ゴ コウ うしろ あと のち	家（教59ページ） ケ カ いえ や

1 読みがなを書きましょう。 20点（一つ4）

① 胃腸薬（　　）を買う。

② 人間の肺（　　）。

③ 脳（　　）の役割。

④ 心臓（　　）が血液を送る。

⑤ 舌（　　）の上でとろける。

裏のページに続くよ！

2 あてはまる漢字を書きましょう。

80点（一つ10）

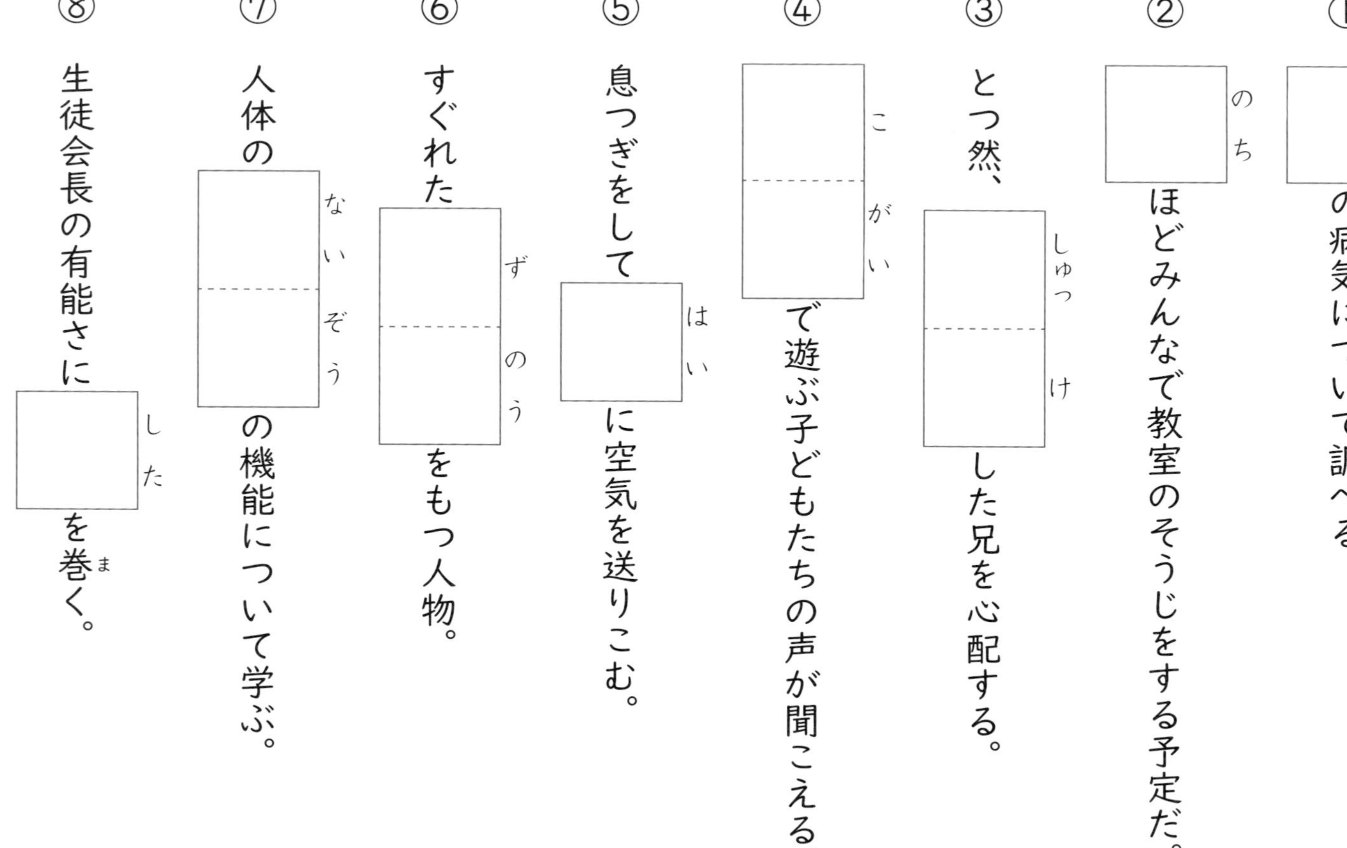

① □（ちょう）の病気について調べる。

② □（のち）ほどみんなで教室のそうじをする予定だ。

③ とつ然、□□（しゅっけ）した兄を心配する。

④ □□（こがい）で遊ぶ子どもたちの声が聞こえる。

⑤ 息つぎをして□（はい）に空気を送りこむ。

⑥ すぐれた□□（ずのう）をもつ人物。

⑦ 人体の□□（ないぞう）の機能について学ぶ。

⑧ 生徒会長の有能さに□（した）を巻く。

ヒント ⑦「ぞう」の十八・十九画目を忘れないように注意しましょう。

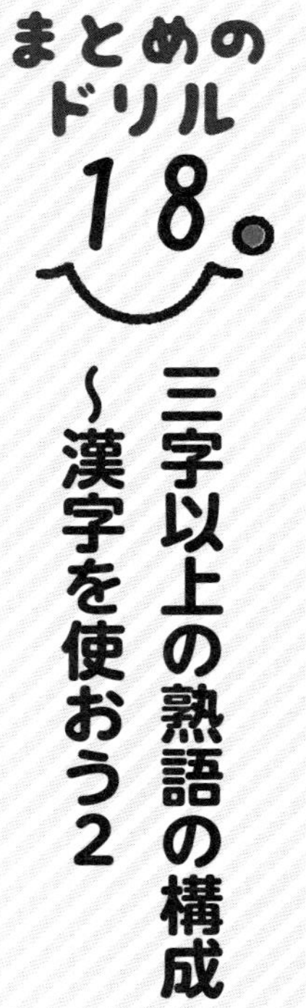

まとめのドリル18。三字以上の熟語の構成～漢字を使おう2

時間 20分
合格80点
100
答え 100ページ
月 日

1 漢字の読みがなを書きましょう。 48点（一つ4）

① 弟は 牛乳（　　） が大好きで、毎日たくさん飲んでいる。

② 兄が、水泳の大会で新記録を 樹立（　　） した。

③ 商品の 供給（　　） が間に合わず、品切れになる。

④ 宇宙の中に、銀河系（　　） もふくまれる。

⑤ 正しいと思っていた 推理（　　） が 誤（　　） っていた。

⑥ 長時間、話し合いをしたが、結論（　　） にいたることができなかった。

⑦ 健康しん断で 肺活量（　　） を測る。

⑧ 心臓（　　） が一定のリズムを 刻（　　） む。

⑨ との様は、たくさんの 家来（　　） と 意欲的（　　） に行動した。

← 裏のページに続くよ！

教科書 44～59ページ

2 あてはまる漢字を書きましょう。〔　〕には漢字とひらがなを書きましょう。

52点（一つ4）

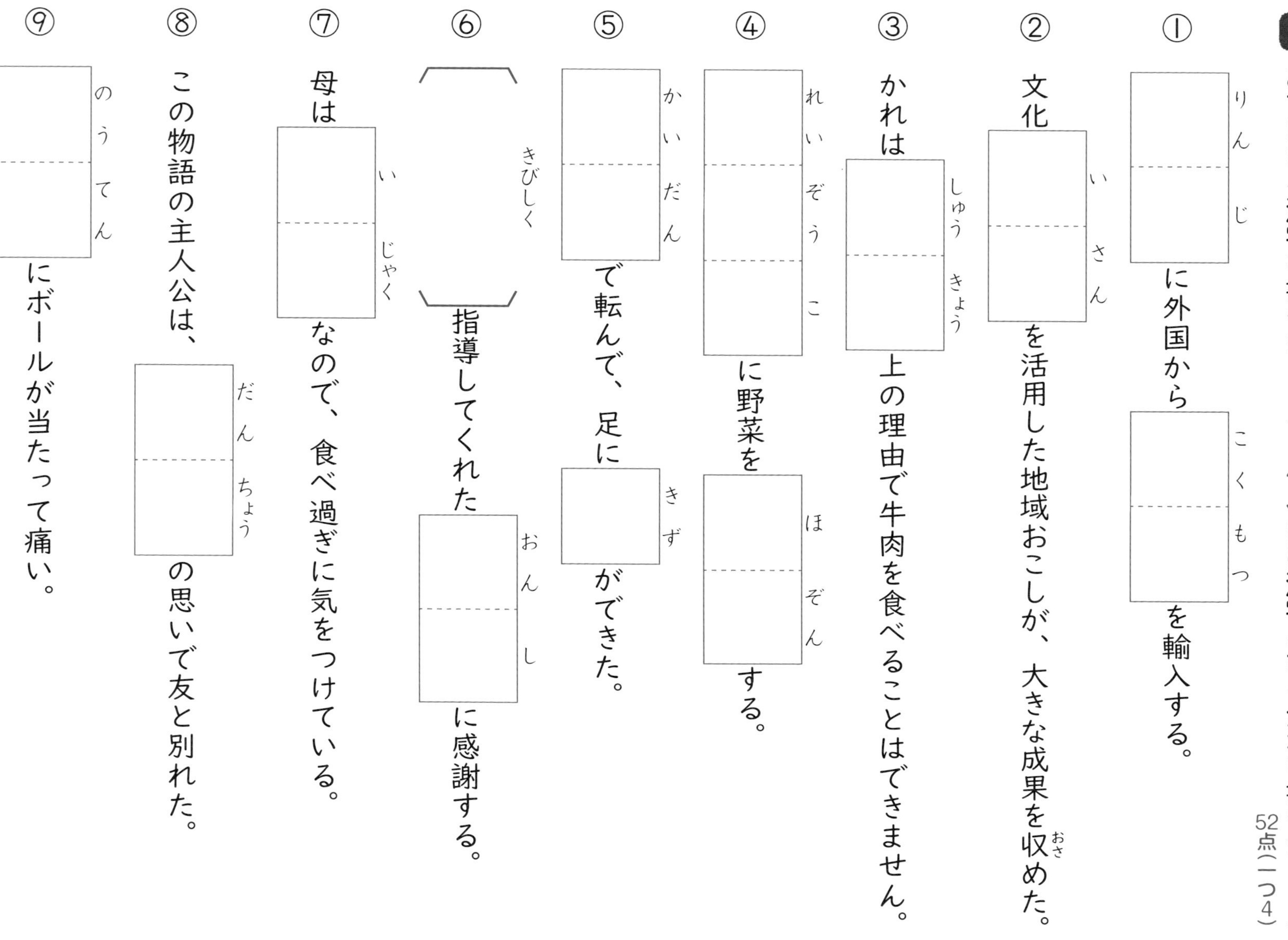

① □□（りんじ）に外国から□□（こくもつ）を輸入する。

② 文化□□（いさん）を活用した地域おこしが、大きな成果を収（おさ）めた。

③ かれは□□（しゅうきょう）上の理由で牛肉を食べることはできません。

④ □□□（れいぞうこ）に野菜を□□（ほぞん）する。

⑤ □□（かいだん）で転んで、足に□（きず）ができた。

⑥ 〔　　〕（きびしく）指導してくれた□□（おんし）に感謝する。

⑦ 母は□□（いじゃく）なので、食べ過ぎに気をつけている。

⑧ この物語の主人公は、□□（だんちょう）の思いで友と別れた。

⑨ □□（のうてん）にボールが当たって痛い。

きほんのドリル 19.

いざというときのために 文と文とのつながり (1)

時間 15分
合格80点
/100
答え 100ページ
月　日

書いて覚えよう！

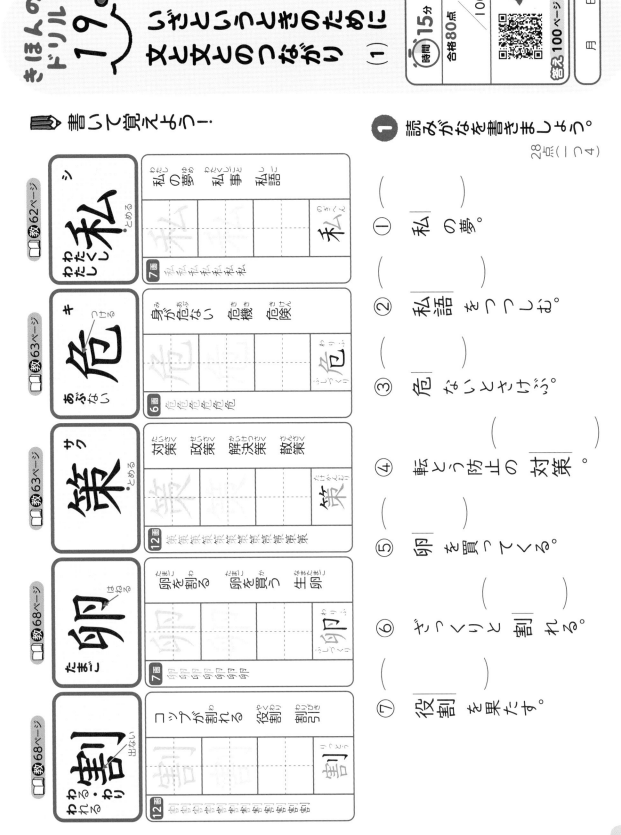

教 62ページ
私 シ わたくし わたし（とめる）
7画 私私私私私私私
私（のぎへん）
私の夢（わたしのゆめ）　私事（わたくしごと）　私語（しご）

教 63ページ
危 キ あぶない（つける）
6画 危危危危危危
危（わりふ・ふしづくり）
身が危ない（みがあぶない）　危機（きき）　危険（きけん）

教 63ページ
策 サク（とめる）
12画 策策策策策策策策策策策策
策（たけかんむり）
対策（たいさく）　政策（せいさく）　解決策（かいけつさく）　散策（さんさく）

教 68ページ
卵 たまご（はねる）
7画 卵卵卵卵卵卵卵
卵（わりふ・ふしづくり）
卵を割る（たまごをわる）　卵を買う（たまごをかう）　生卵（なまたまご）

教 68ページ
割 わる・わり われる（出ない）
12画 割割割割割割割割割割割割
割（りっとう）
コップが割れる（わ）　役割（やくわり）　割引（わりびき）

1 読みがなを書きましょう。 28点（一つ4）

① 私（　）の夢。
② 私語（　）をつつしむ。
③ 危（　）ないとさけぶ。
④ 転とう防止の対策（　）。
⑤ 卵（　）を買ってくる。
⑥ ざっくりと割（　）れる。
⑦ 役割（　）を果たす。

← 裏のページに続くよ！

2 あてはまる漢字を書きましょう。

72点（一つ9）

① □（わたし）の書道の作品が入賞した。

② □（わたくし）事ですが、むすめが結こんします。

③ □（あぶ）ない作業は先生がしてくださった。

④ みんなの力で□□（きき）を乗りこえる。

⑤ 学校で節水□□（たいさく）に取り組んでいる。

⑥ サラダの上にゆで□（たまご）をのせる。

⑦ 皿を落として□（わ）ってしまう。

⑧ このスーパーでは、夜になるとお弁当が□□（わりびき）される。

ヒント ⑤「さく」の「束」を「束」と書かないように注意しましょう。

きほんのドリル 20。

文と文とのつながり (2)

時間 15分
合格80点
／100
答え 100ページ
月　日

書いて覚えよう！

教 68ページ
洗　セン　あらう（上にはねる）
9画　洗洗洗洗洗洗洗洗洗
手洗(てあら)い　洗顔(せんがん)　洗面所(せんめんじょ)
洗（さんずい）

教 68ページ
机　つくえ（とめる）
6画　机机机机机机
机(つくえ)のかたづけ　学習机(がくしゅうづくえ)
机（きへん）

教 68ページ
誕　タン（出る）
15画　誕誕誕誕誕誕誕誕誕誕誕誕誕誕誕
誕生(たんじょう)　生誕(せいたん)　誕生日(たんじょうび)
誕（ごんべん）

教 68ページ
砂　サ　すな（はねる）
9画　砂砂砂砂砂砂砂砂砂
砂(さ)ばく　砂金(さきん)　砂場(すなば)　砂時計(すなどけい)
砂（いしへん）

教 68ページ
糖　トウ（とめる）
16画　糖糖糖糖糖糖糖糖糖糖糖糖糖糖糖糖
砂糖(さとう)　糖分(とうぶん)　糖質(とうしつ)　果糖(かとう)
糖（こめへん）

1 読みがなを書きましょう。　28点（一つ4）

① 手洗（　　）いの仕方。

② 清潔な洗面所（　　）。

③ 机（　　）のかたづけ。

④ 勉強机（　　）を移動する。

⑤ かい物(ぶつ)が誕生（　　）する。

⑥ 砂（　　）ばくの中のサボテン。

⑦ 砂糖（　　）で作る。

裏のページに続くよ！

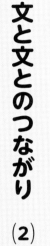

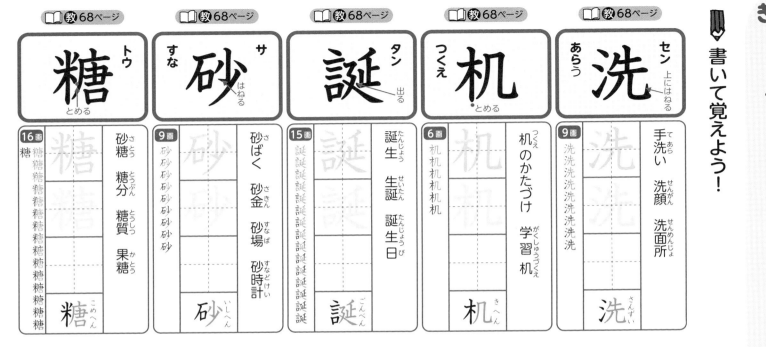

2 あてはまる漢字を書きましょう。

72点（一つ9）

①新しい［せん］たく機を買う。

②祖父が子どものころは、［すいせん］トイレがなかったそうだ。

③教室のそうじをするために、［つくえ］をろう下に運ぶ。

④小学生になる弟が、［がくしゅうづくえ］を買ってもらった。

⑤みんなで弟の［たんじょうび］を祝う。

⑥磁石（じしゃく）を使って［さてつ］を集める。

⑦近所の子どもたちと［すなば］で遊ぶ。

⑧父は健康のために［とうぶん］をひかえている。

⑤「たん」の右側を「止」としないよう注意しましょう。

きほんのドリル 21

漢文に親しもう 風切るつばさ (1)

時間 15分　合格80点　／100

答え 100ページ

月　日

書いて覚えよう！

漢字	読み	画数	筆順	言葉	部首	ポイント	教科書
暖	ダン／あたたか・あたたかい・あたたまる・あたためる	13画	暖暖暖暖暖暖暖暖暖暖暖暖暖	暖(あたた)かい日(ひ)　温暖(おんだん)　暖冬(だんとう)	日（ひへん）	長く	教72ページ
若	わかい	8画	若若若若若若若若	若(わか)い鳥(とり)　若者(わかもの)　若草(わかくさ)　若葉(わかば)	艹（くさかんむり）	つける	教78ページ
巻	カン／まく・まき	9画	巻巻巻巻巻巻巻巻巻	うず巻(ま)く　巻末(かんまつ)　とらの巻(まき)	己（ふしづくり）／わりふ	上にはねる	教78ページ
訳	ヤク／わけ	11画	訳訳訳訳訳訳訳訳訳訳訳	言(い)い訳(わけ)　内訳(うちわけ)　通訳(つうやく)　訳(やく)す	言（ごんべん）	はらう	教79ページ
背	ハイ／せ・せい	9画	背背背背背背背背背	背(せ)を向(む)ける　背景(はいけい)　背比(せいくら)べ	月（にく）	「比」にしない	教80ページ

1 読みがなを書きましょう。　28点（一つ4）

① 春の夜は暖かい。（　　）

② 地球温暖化の対策。（　　）

③ 若いアネハヅルの群れ。（　　）

④ うず巻く砂じん。（　　）

⑤ 本の巻末を見る。（　　）

⑥ 言い訳をする。（　　）

⑦ 背後に回る。（　　）

教科書 70〜86ページ

裏のページに続くよ！

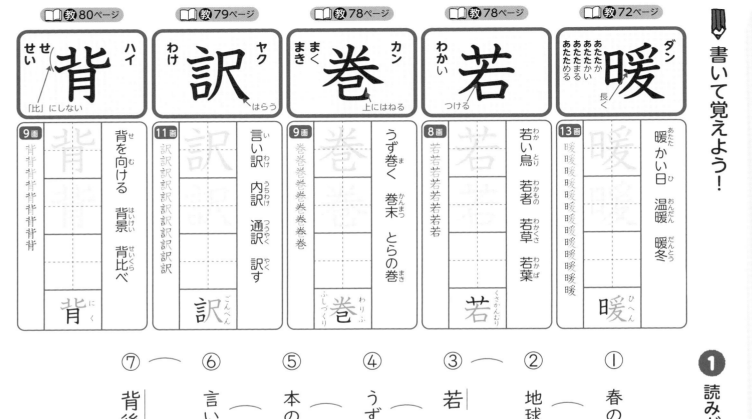

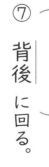

2 あてはまる漢字を書きましょう。

72点（一つ9）

① □（あたた）かい部屋で、のんびり過ごす。

② 日中と夜間の□□（かんだん）の差が大きい。

③ 駅前に多くの□□（わかもの）が集まっている。

④ 春になって□□（わかば）が芽を出す。

⑤ 古い城を取り□（ま）く森の中を歩く。

⑥ 今読んでいる本の□□（げかん）が発売された。

⑦ 母に帰宅（たく）がおそくなった□（わけ）を話す。

⑧ 兄と□□（せいくら）べをする。

①「あたた（かい）」は同じ読みの漢字「温かい」との使い分けに注意しましょう。

きほんのドリル 22。

風切るつばさ(2)　漢字を使おう3(1)

時間 15分　合格 80点　/100

答え 101ページ

月　日

書いて覚えよう！

教 80ページ
片（かた）とめる　4画
片すみ（かたすみ）　片付ける（かたづける）　片一方（かたいっぽう）　片（かた）

教 87ページ
処（ショ）上にはねる　5画
処分（しょぶん）　対処（たいしょ）　処理（しょり）　処置（しょち）　処（つくえ）

教 87ページ
誌（シ）短く　14画
雑誌（ざっし）　月刊誌（げっかんし）　日誌（にっし）　誌面（しめん）　誌（ごんべん）

教 87ページ
詞（シ）はねる　12画
歌詞（かし）　作詞（さくし）　品詞（ひんし）　動詞（どうし）　詞（ごんべん）

「処」の二画目と五画目は、ひとつなぎに書くよ。

1 読みがなを書きましょう。 28点（一つ4）

① 草原の 片 すみ。（　）
② 部屋を 片付 ける。（　）
③ 不要品を 処分 する。（　）
④ 雑誌 を刊行する。（　）
⑤ 誌面 をくふうする。（　）
⑥ 心にひびく 歌詞 。（　）
⑦ 動詞 のはたらきを考える。（　）

← 裏のページに続くよ！

2 あてはまる漢字を書きましょう。

72点（一つ9）

① くつ下が［かたほう］見つからない。

② 散らかっているゴミを［かたづ］けて、部屋をきれいにした。

③ 難（むずか）しい問題に、冷静に［たいしょ］する。

④ けがの応急［しょち］をしてから病院に向かう。

⑤ ［しゅうかんし］の特集記事が話題になる。

⑥ 担（たん）任の先生が学級［にっし］を読む。

⑦ この歌は、祖父が［さくし］をしてくれた。

⑧ 国語の授業で［めいし］の種類を覚える。

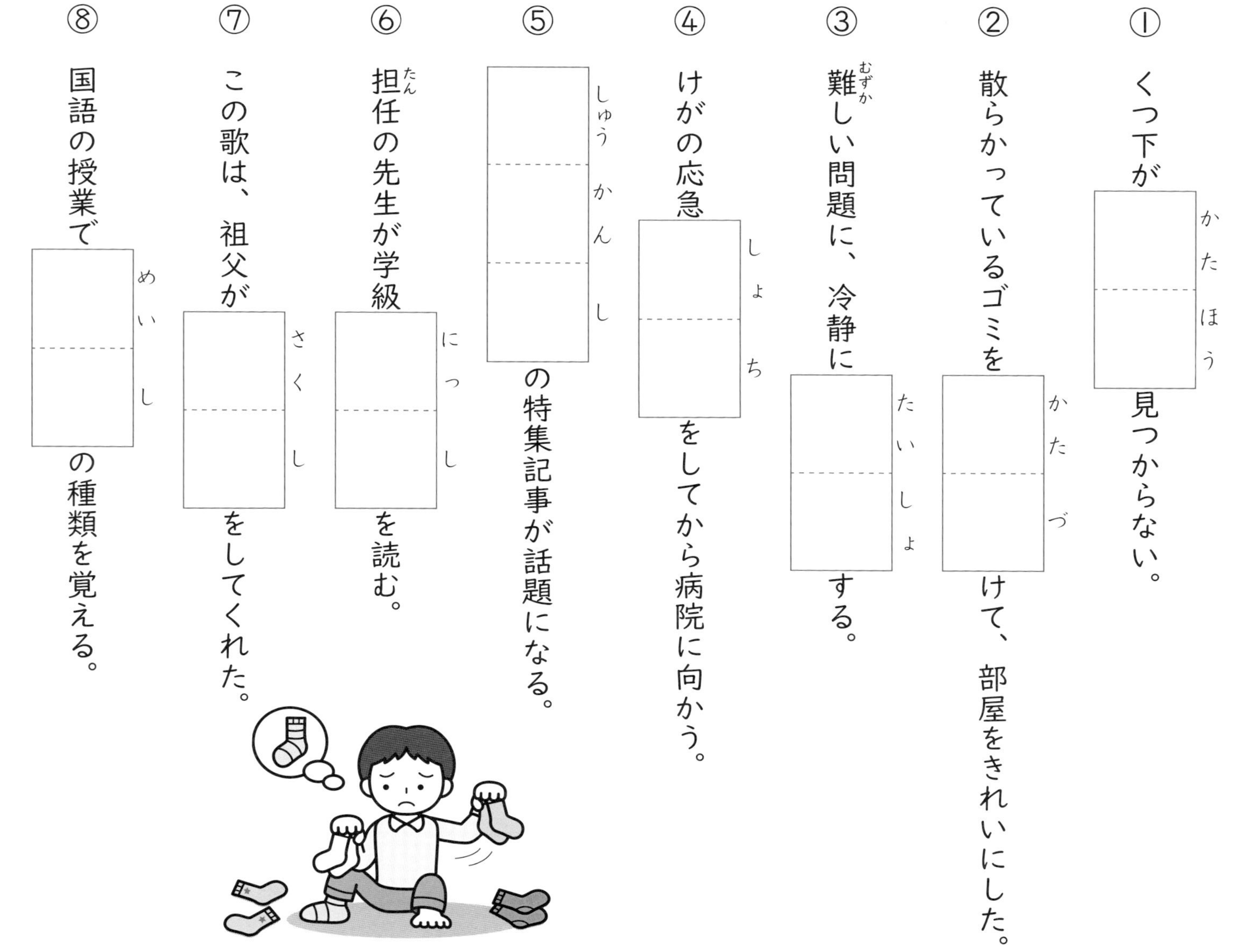

ヒント ⑤・⑥「し」、⑦・⑧「し」は、どちらも「言（ごんべん）」の漢字です。

きほんのドリル 23. 漢字を使おう3 (2)

時間 15分　合格80点　／100

答え 101ページ

月　日

書いて覚えよう！

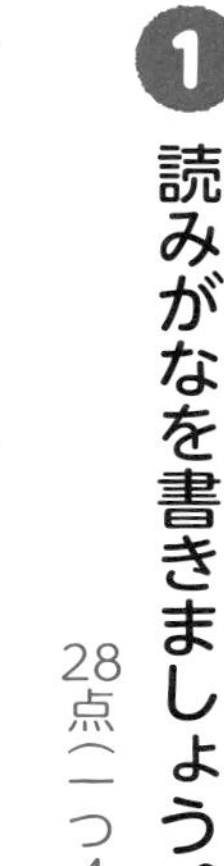

教 87ページ

誠 セイ（上にはねる）

13画　誠誠誠誠誠誠誠誠誠誠誠誠誠

誠実（せいじつ）　忠誠（ちゅうせい）　誠心誠意（せいしんせいい）

部首：ごんべん

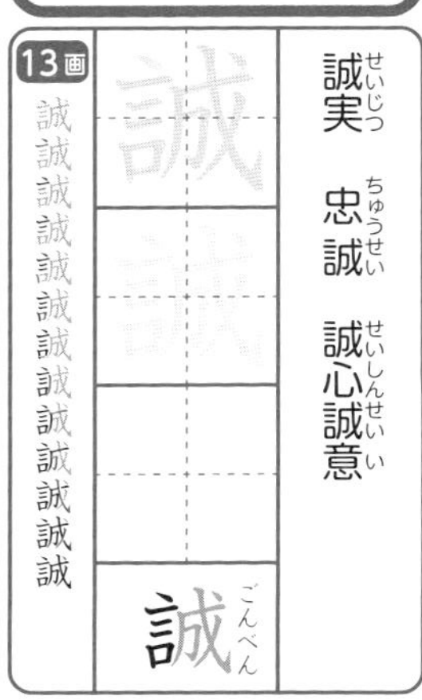

教 87ページ

忠 チュウ（出る）

8画　忠忠忠忠忠忠忠忠

忠誠（ちゅうせい）　忠告（ちゅうこく）　忠実（ちゅうじつ）　忠義（ちゅうぎ）

部首：こころ

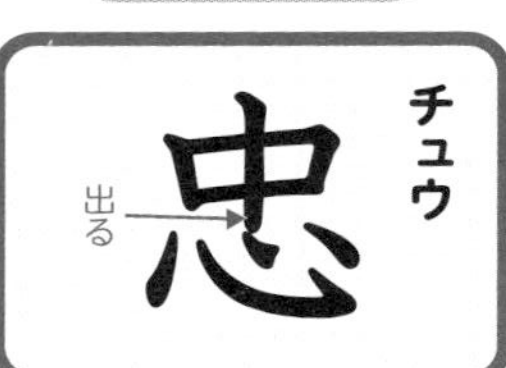

教 87ページ

亡 ボウ（とめる）

3画　亡亡亡

滅亡（めつぼう）　亡命（ぼうめい）　亡国（ぼうこく）　存亡（そんぼう）

部首：なべぶた・けいさんかんむり

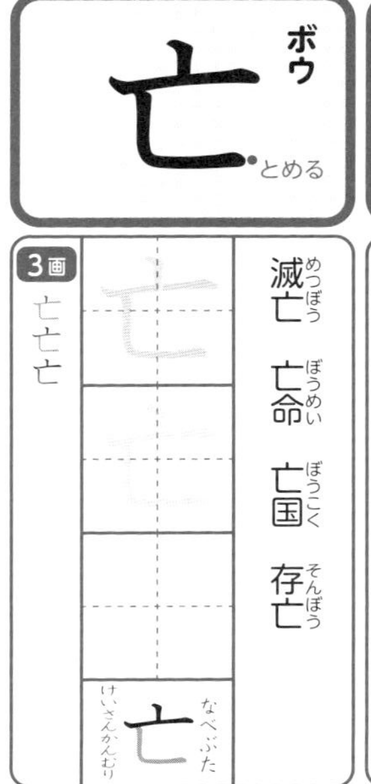

「忠」には「まごころ」・「まじめ」という意味があります。

1 読みがなを書きましょう。　28点（一つ4）

① 誠実（　　）な心。

② 誠心誠意（　　）努力する。

③ 忠誠（　　）をちかう。

④ 忠実（　　）な人。

⑤ 父の忠告（　　）に従（したが）う。

⑥ めつ亡（　　）の危機。

⑦ 亡命（　　）して5年がたつ。

← 裏のページに続くよ！

教科書 87ページ

2 あてはまる漢字を書きましょう。

72点（一つ9）

① 兄は何事にも［せいじつ］に取り組む。

② ［せいしんせいい］、事に当たる。

③ 母の［ちゅうこく］に耳をかたむける。

④ 大恩あるとのに［ちゅうせい］をつくす。

⑤ 兄は上司の指示を守り、［ちゅうじつ］に仕事に取り組んでいる。

⑥ ［しぼう］事故を防ぐ取り組みをする。

⑦ 自由を求めて、となりの国に［ぼうめい］する。

⑧ クラブ［そんぼう］の危機。

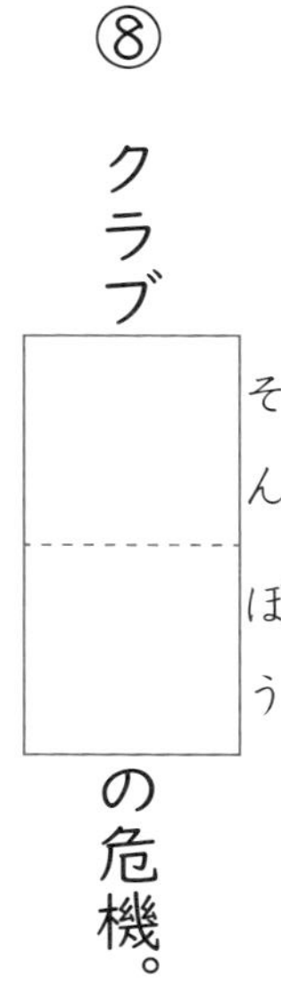

ヒント ①・②・④「せい」を、「成」「盛」と書かないように注意しましょう。

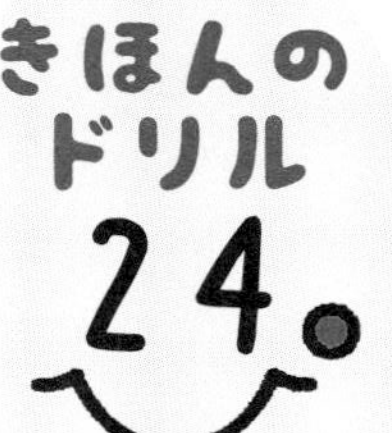

きほんのドリル 24。 インターネットの投稿を読み比べよう

書いて覚えよう！

担（タン）　教94ページ
「旦」にしない
8画　担担担担担担担担
担（てへん）
負担（ふたん）　分担（ぶんたん）　担当（たんとう）　担任（たんにん）

値（チ・ね）　教94ページ
つける
10画　値値値値値値値値値値
値（にんべん）
数値（すうち）　価値（かち）　値段（ねだん）　値札（ねふだ）

激（ゲキ・はげしい）　教95ページ
はねる
16画　激激激激激激激激激激激激激激激激
激（さんずい）
激しい流れ（はげしいながれ）　過激（かげき）　感激（かんげき）

疑（ギ・うたがう）　教95ページ
上にはねる
14画　疑疑疑疑疑疑疑疑疑疑疑疑疑疑
疑（ひき）
犯行を疑う（はんこうをうたがう）　疑問（ぎもん）　容疑（ようぎ）

障（ショウ）　教96ページ
長く
14画　障障障障障障障障障障障障障障
障（こざとへん）
故障（こしょう）　支障（ししょう）　保障（ほしょう）　障子（しょうじ）

1 読みがなを書きましょう。

28点（一つ4）

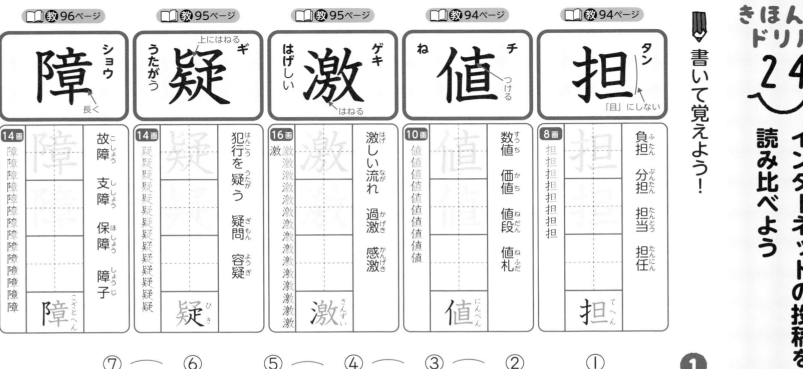

① 体に負担をかける。（　　）
② 料理を担当する。（　　）
③ 数値を示す。（　　）
④ 値札を見る。（　　）
⑤ 激しい潮（しお）の流れ。（　　）
⑥ 犯行を疑う。（　　）
⑦ 故障する危険がある。（　　）

裏のページに続くよ！

2 あてはまる漢字を書きましょう。

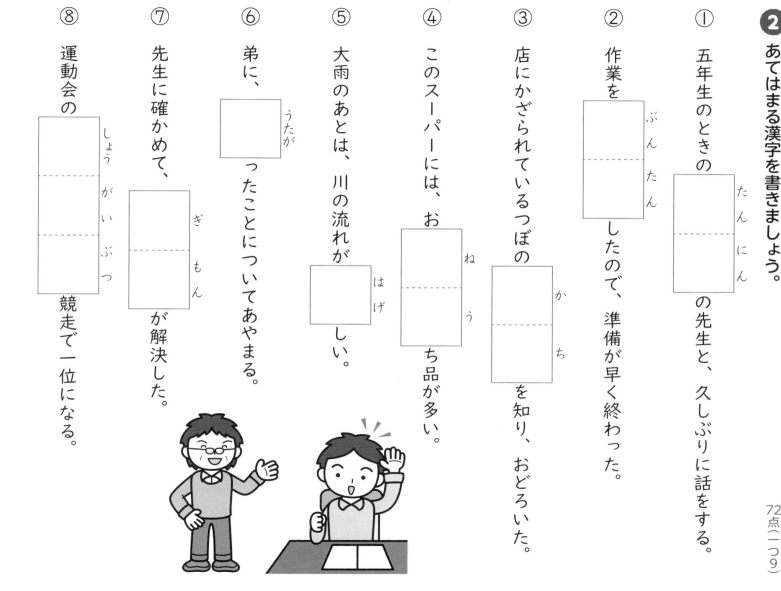

72点（一つ9）

① 五年生のときの［たんにん］の先生と、久しぶりに話をする。

② 作業を［ぶんたん］したので、準備が早く終わった。

③ 店にかざられているつぼの［かち］を知り、おどろいた。

④ このスーパーには、お［ねう］ち品が多い。

⑤ 大雨のあとは、川の流れが［はげ］しい。

⑥ 弟に、［うたが］ったことについてあやまる。

⑦ 先生に確かめて、［ぎもん］が解決した。

⑧ 運動会の［しょうがいぶつ］競走で一位になる。

⑧「しょう」を「章」と書かないように注意しましょう。

夏休みのホームテスト 25

四月から七月に習った漢字と言葉

時間20分
合格80点
/100
答え101ページ
月　日

1 漢字の読みがなを書きましょう。

16点（一つ2）

① しん判が警告（　　）する。

② 卵（　　）料理を好む。

③ 木の板に言葉を刻（　　）む。

④ 糖分（　　）の量を調べる。

⑤ 簡潔（　　）に話をまとめる。

⑥ 気温の差が激（　　）しい。

⑦ 養蚕（　　）の様子を見学する。

⑧ 雑誌（　　）を読む。

2 あてはまる漢字を書きましょう。〔　〕には漢字とひらがなを書きましょう。

24点（一つ3）

① 妹はまだ〔おさない〕。

② □□（せいじつ）な性格の姉。

③ □□（こしょう）した機械。

④ 古い□□（まきもの）。

⑤ □□（さくりゃく）を見破る。

⑥ □□（たんにん）の先生。

⑦ □□（ぎもん）に思う。

⑧ □（つくえ）を運ぶ。

← 裏のページに続くよ！

3 次の漢字の総画数を漢数字で書き、意味を表す部分のよび名（部首名）をあとから選んで記号で書きましょう。 24点（一つ4）

① 朗（　画・　）　② 縮（　画・　）

③ 砂（　画・　）　④ 筋（　画・　）

⑤ 郷（　画・　）　⑥ 敵（　画・　）

ア りっしんべん　イ いとへん　ウ おおざと

エ たけかんむり　オ いしへん　カ のぶん

キ つき

4 次の□に共通してあてはまる漢字を書きましょう。 24点（一つ3）

① □画・□像・上□　② 地□・海□・区□

③ □語・□意・□老　④ □知・□読・未□

⑤ □議・□理・結□　⑥ □当・□任・負□

⑦ 意□・□求・□望　⑧ □心・軽□・□薬

5 次の上と下の——線の熟語は同じ読み方をします。□に入る漢字を書きましょう。 12点（一つ3）

① 機器—□機を救う。　② 支店—作者の□点。

③ 点字—□示品。　④ 以上—□常事態。

きほんのドリル 26

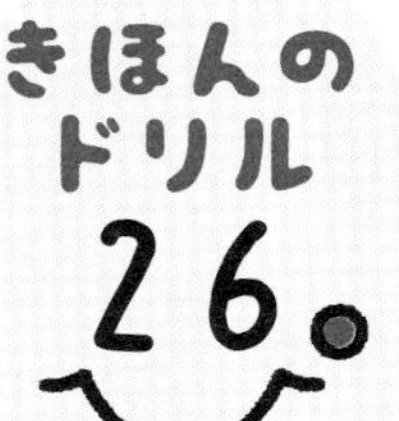

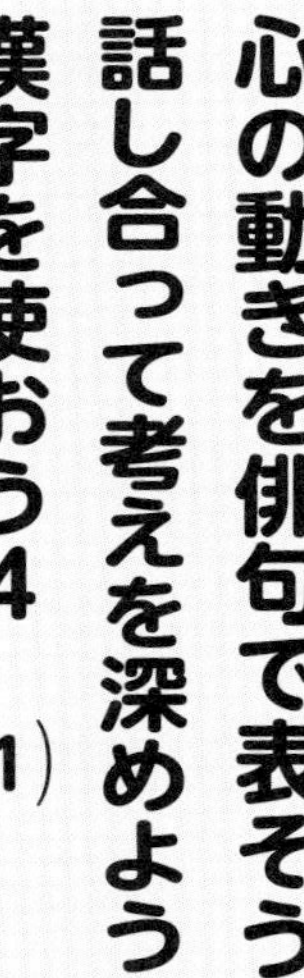

心の動きを俳句で表そう 話し合って考えを深めよう 漢字を使おう4 (1)

時間 15分　合格80点　／100

答え 101ページ

月　日

書いて覚えよう！

教 112ページ
俳 ハイ（はらう）10画
俳句（はいく）　俳人（はいじん）　俳優（はいゆう）　俳号（はいごう）
俳（にんべん）

教 114ページ
探 タン　さがす（とめる）11画
言葉を探す（ことばをさがす）　探検（たんけん）　探究（たんきゅう）
探（てへん）

教 118ページ
沿 エン　そう（はなす）8画
国道沿い（こくどうぞい）　沿岸（えんがん）　沿線（えんせん）
沿（さんずい）

教 119ページ
届 とどける　とどく（出る）8画
荷物を届ける（にもつをとどける）　手紙が届く（てがみがとどく）
届（かばね／しかばね）

教 123ページ
株 かぶ（とめる）10画
株券（かぶけん）　切り株（きりかぶ）　株式会社（かぶしきがいしゃ）
株（きへん）

1 読みがなを書きましょう。 28点（一つ4）

① 俳句（　　）を作る。

② 言葉を 探（　　）す。

③ 森を 探検（　　）する。

④ 国道 沿（　　）いの町工場。

⑤ 太平洋 沿岸（　　）の都市。

⑥ 紙が 届（　　）けられる。

⑦ 株式（　　）会社に勤（つと）める。

教科書 112〜123ページ

裏のページに続くよ！

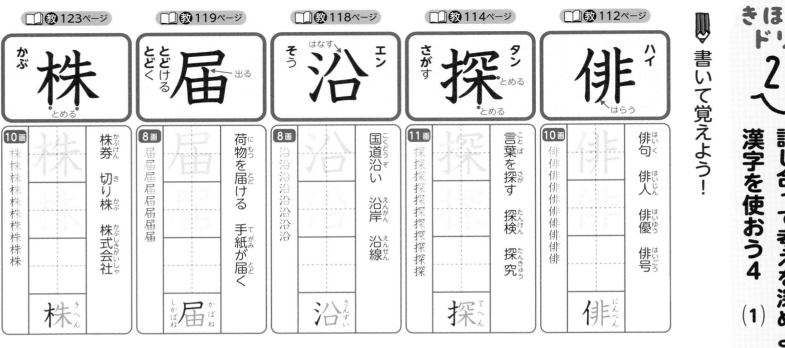

2 あてはまる漢字を書きましょう。

72点（一つ9）

① 好きな［はい］優にあく手をしてもらい、感激する。

② 転勤が決まったおじが、新しく住む家を［さが］している。

③ 魚群［たんち］機のついた船で漁をする。

④ ［うみぞ］いの道を、父と自転車で走る。

⑤ 鉄道の［えんせん］に住宅が多く見られる。

⑥ 休んでいる友達に、プリントを［とど］ける。

⑦ つかれたので、切り［かぶ］の上にすわる。

⑧ 経理部で働くかれは、［ふるかぶ］の社員だ。

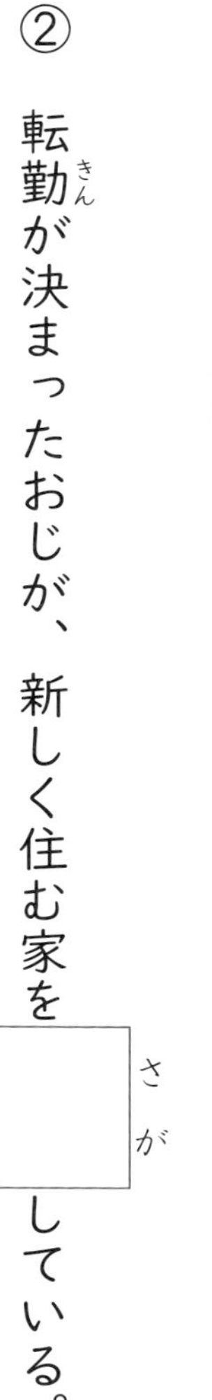

④「ぞ（い）」⑤「えん」の右側を「谷」と書かないように注意しましょう。

きほんのドリル 27

漢字を使おう4 (2)

書いて覚えよう！

看 カン（教123ページ） はらう
9画 看看看看看看看看看
看板（かんばん） 看護（かんご） 看病（かんびょう）
看 め

座 ザ（教123ページ） 上へ長く
10画 座座座座座座座座座座
星座（せいざ） 座席（ざせき） 座談会（ざだんかい） 座高（ざこう）
座 まだれ

盛 もる（教123ページ） わすれずに
11画 盛盛盛盛盛盛盛盛盛盛盛
盛り上がる（もりあがる） 山盛り（やまもり）
盛 さら

券 ケン（教123ページ） 出ない
8画 券券券券券券券券
株券（かぶけん） 券売機（けんばいき） 乗車券（じょうしゃけん）
券 かたな

専 セン（教123ページ） はねる
9画 専専専専専専専専専
専門（せんもん） 専用（せんよう） 専念（せんねん） 専業（せんぎょう）
専 すん

読んで覚えよう！

●…読み方が新しい漢字　＝…送りがな

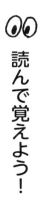

玉 ギョク たま（教123ページ）
読 トウ トク ドク よむ（教123ページ）

1 読みがなを書きましょう。 36点（一つ6）

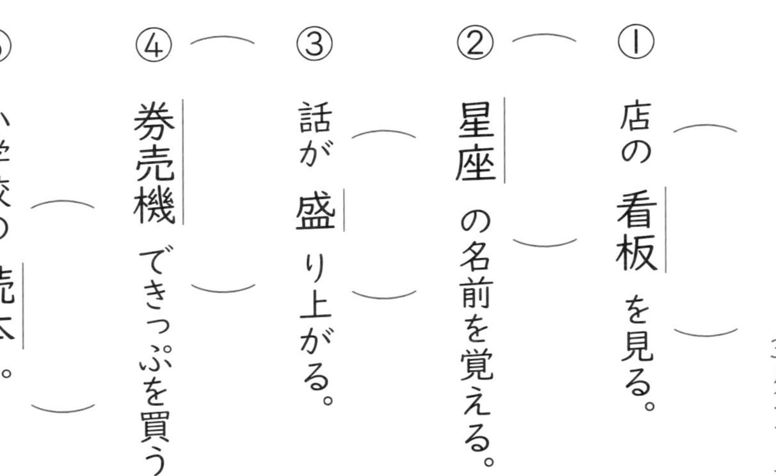

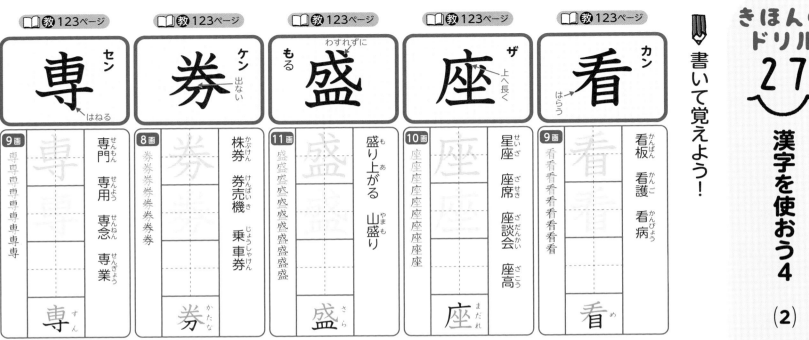

① 店の 看板 を見る。（　　）
② 星座 の名前を覚える。（　　）
③ 話が 盛 り上がる。（　　）
④ 券売機 できっぷを買う。（　　）

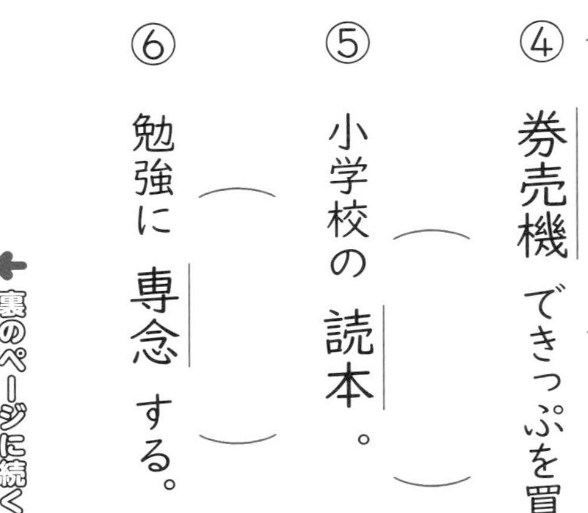

⑤ 小学校の 読本 。（　　）
⑥ 勉強に 専念 する。（　　）

← 裏のページに続くよ！

2 あてはまる漢字を書きましょう。

64点（一つ8）

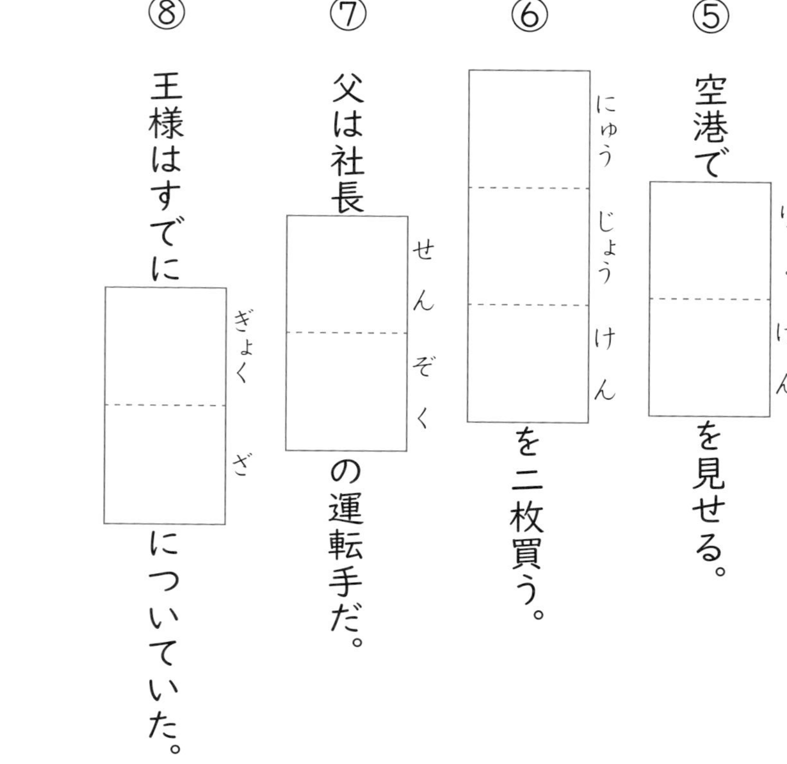

① ［かんばん］を新しいものに付けかえる。

② 祖父の［かんご］に、家族で協力する。

③ 高原に行き、夏の［せいざ］を観察する。

④ 夕食に、［おおもり］のカレーを食べる。

⑤ 空港で［りょけん］を見せる。

⑥ ［にゅうじょうけん］を二枚買う。

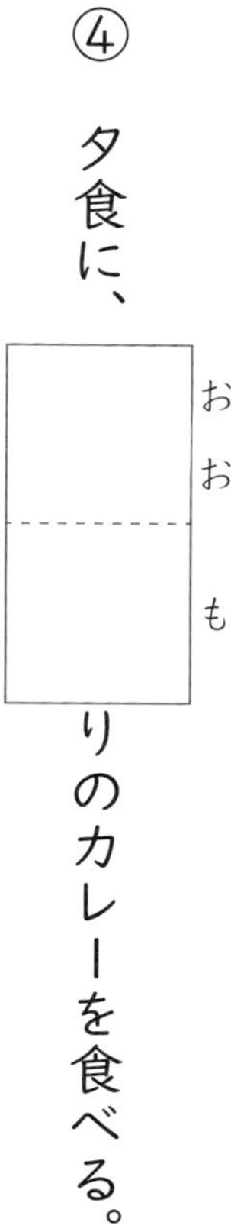

⑦ 父は社長の［せんぞく］の運転手だ。

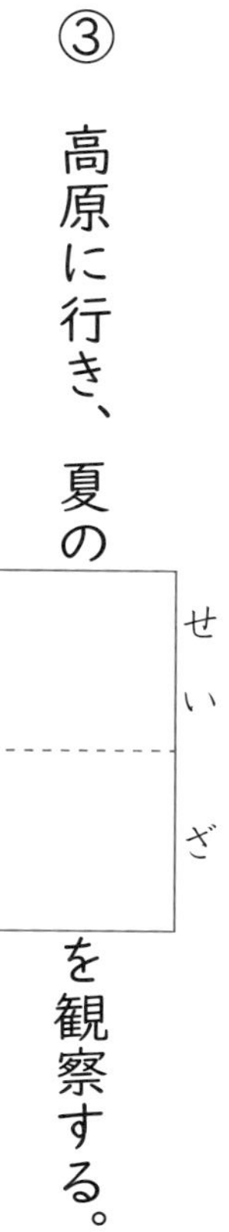

⑧ 王様はすでに［ぎょくざ］についていた。

ヒント ⑤⑥「けん」の「刀」を「カ」と書かないように注意しましょう。

きほんのドリル 28.

模型のまち (1)

時間 15分　合格80点　/100

答え101ページ

月　日

書いて覚えよう！

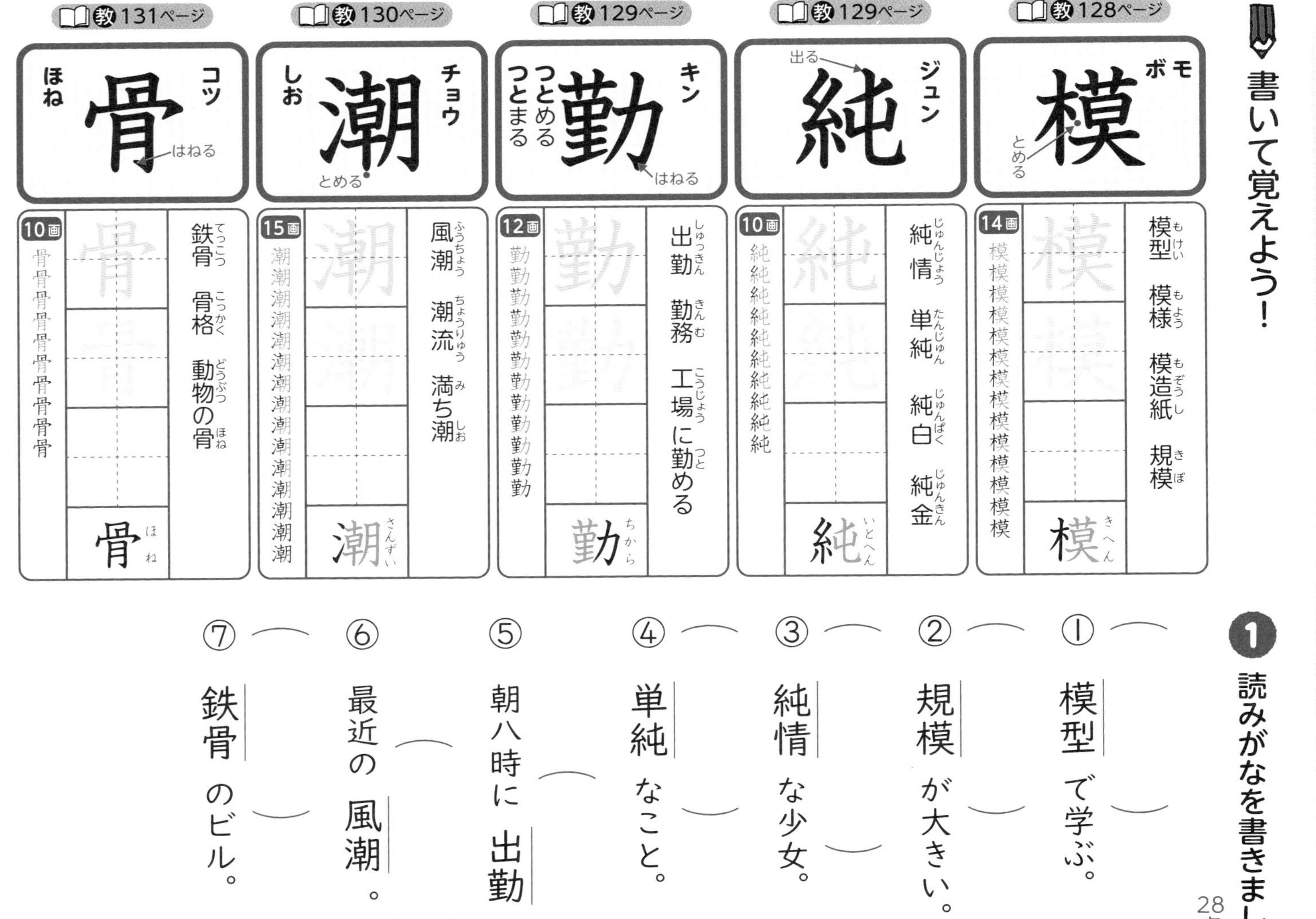

教128ページ
模 モ ボ
とめる
14画
模型(もけい)　模様(もよう)　模造紙(もぞうし)　規模(きぼ)
木(きへん)
教129ページ
純 ジュン
出る
10画
純情(じゅんじょう)　単純(たんじゅん)　純白(じゅんぱく)　純金(じゅんきん)
糸(いとへん)
教129ページ
勤 キン つとめる つとまる
はねる
12画
出勤(しゅっきん)　勤務(きんむ)　工場(こうじょう)に勤(つと)める
力(ちから)
教130ページ
潮 チョウ しお
とめる
15画
風潮(ふうちょう)　潮流(ちょうりゅう)　満(み)ち潮(しお)
氵(さんずい)
教131ページ
骨 コツ ほね
はねる
10画
鉄骨(てっこつ)　骨格(こっかく)　動物(どうぶつ)の骨(ほね)
骨(ほね)

1 読みがなを書きましょう。 28点(一つ4)

① 模型で学ぶ。( )

② 規模が大きい。( )

③ 純情な少女。( )

④ 単純なこと。( )

⑤ 朝八時に出勤する。( )

⑥ 最近の風潮。( )

⑦ 鉄骨のビル。( )

裏のページに続くよ！

教科書 126〜148ページ

2 あてはまる漢字を書きましょう。

72点（一つ9）

① この水玉［もよう］のかさは、姉のお気に入りです。

② 画家の絵を［もしゃ］して、絵の練習をする。

③ 大人になったら、［じゅんぱく］のドレスを着てみたい。

④ 母の［つと］め先に電話をする。

⑤ 父は鉄道会社に［きんむ］している。

⑥ ［まんちょう］の時刻が近づき、海面が上がってきた。

⑦ ここちよい［しおかぜ］がふいている。

⑧ ［こっせつ］した右うでが、やっと治った。

④「つと（め）」⑤「きん」の左側を「里」としないように注意しましょう。

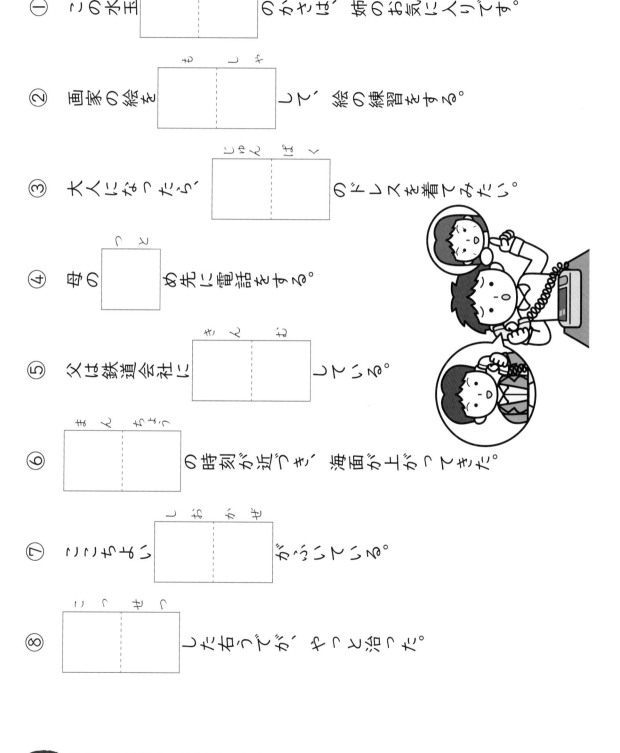

きほんのドリル 29

模型のまち (2)

時間 15分
合格80点
/100
答え 101ページ
月　日

書いて覚えよう！

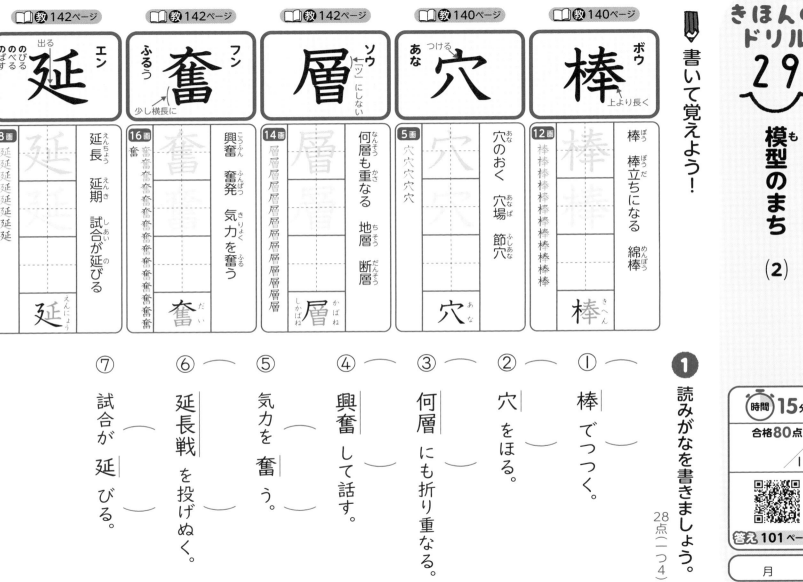

教 140ページ
棒 ボウ
上より長く
12画 棒棒棒棒棒棒棒棒棒棒棒棒
棒（きへん）
棒　棒立ちになる　綿棒

教 140ページ
穴 あな
つける
5画 穴穴穴穴穴
穴（あな）
穴のおく　穴場　節穴

教 142ページ
層 ソウ
「ツ」にしない
14画 層層層層層層層層層層層層層層
層（かばね／しかばね）
何層も重なる　地層　断層

教 142ページ
奮 フン　ふるう
少し横長に
16画 奮奮奮奮奮奮奮奮奮奮奮奮奮奮奮奮
奮（だい）
興奮　奮発　気力を奮う

教 142ページ
延 エン　のびる　のべる　のばす
出る
8画 延延延延延延延延
延（えんにょう）
延長　延期　試合が延びる

1 読みがなを書きましょう。 28点（一つ4）

① 棒（　）でつつく。
② 穴（　）をほる。
③ 何層（　）にも折り重なる。
④ 興奮（　）して話す。
⑤ 気力を奮（　）う。
⑥ 延長戦（　）を投げぬく。
⑦ 試合が延（　）びる。

裏のページに続くよ！

2 あてはまる漢字を書きましょう。

72点（一つ9）

① 私の姉は、

が得意だ。

② 劇（げき）で、せりふを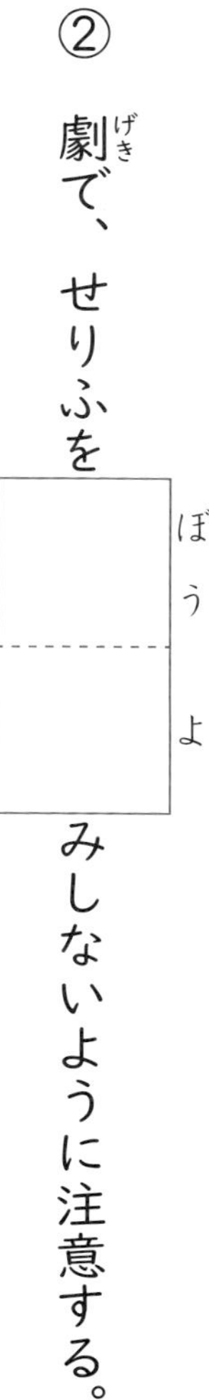

みしないように注意する。

③ 祖母は、針（はり）の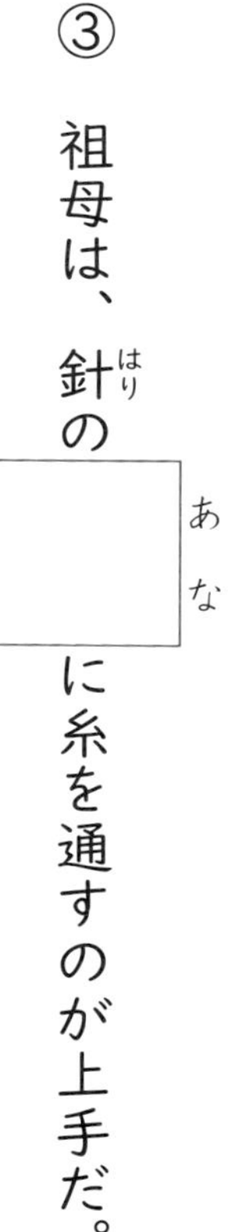

に糸を通すのが上手だ。

④ 駅前の

ビルに初めて行ってみる。

⑤ 観客の声えんに、選手が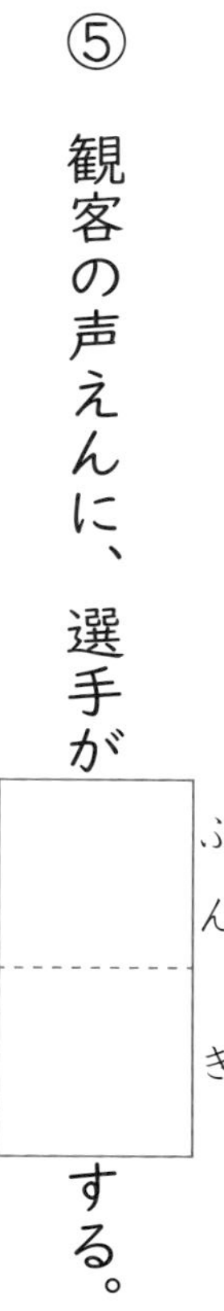

する。

⑥ 勇気を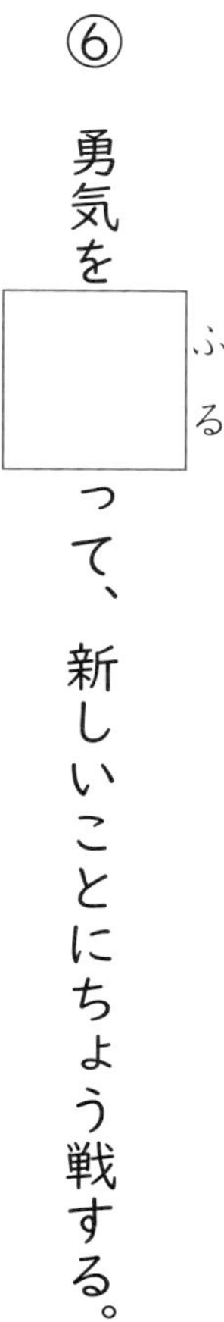

って、新しいことにちょう戦する。

⑦ 雨のため、試合は来週に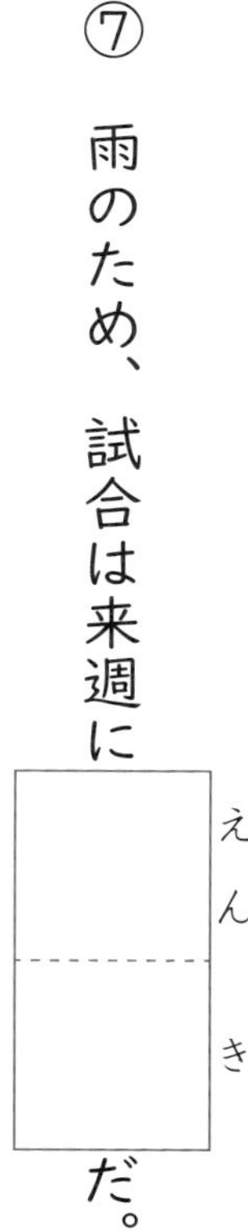

だ。

⑧ 全員が集まっていないので、出発を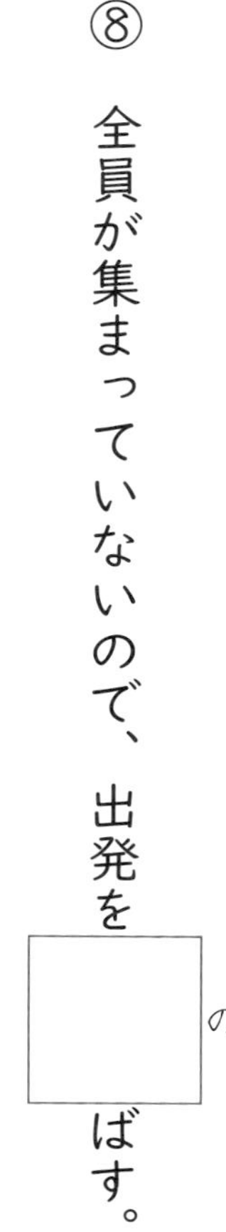

ばす。

ヒント ①②「ぼう」は、横画の数に注意して書きましょう。

きほんのドリル 30。

模型(も)のまち (3)
漢字を使おう5

時間15分　合格80点　／100

答え101ページ

月　日

書いて覚えよう！

教142ページ
銭（セン）　上にはねる
14画　かねへん
金銭(きんせん)　銭湯(せんとう)　古銭(こせん)　つり銭(せん)

教149ページ
鋼（コウ）　はねる
16画　かねへん
鉄鋼業(てっこうぎょう)　鋼材(こうざい)　鋼鉄(こうてつ)　製鋼(せいこう)

教149ページ
批（ヒ）　「北」にしない
7画　てへん
批判(ひはん)　批評(ひひょう)

教149ページ
操（ソウ）　とめる
16画　てへん
体操(たいそう)　操作(そうさ)　節操(せっそう)　操縦(そうじゅう)

読んで覚えよう！

●…読み方が新しい漢字　＝…送りがな

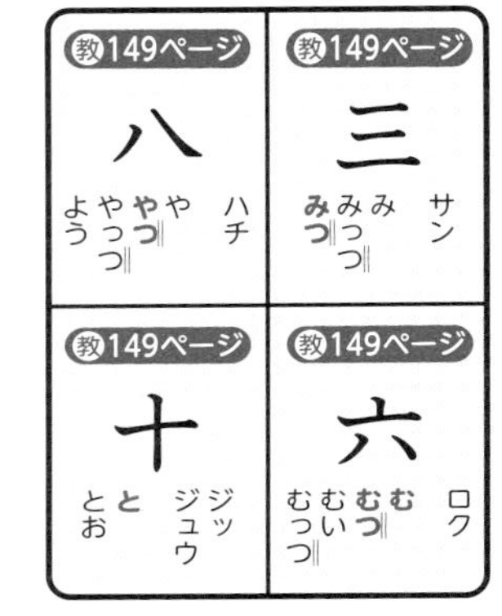

教149ページ 三　サン　み　み**つ**　み**っつ**	教149ページ 八　ハチ　や　や**つ**　や**っつ**　よう
教149ページ 六　ロク　む　む**つ**　む**っつ**　むい	教149ページ 十　ジュウ　ジッ　と　とお

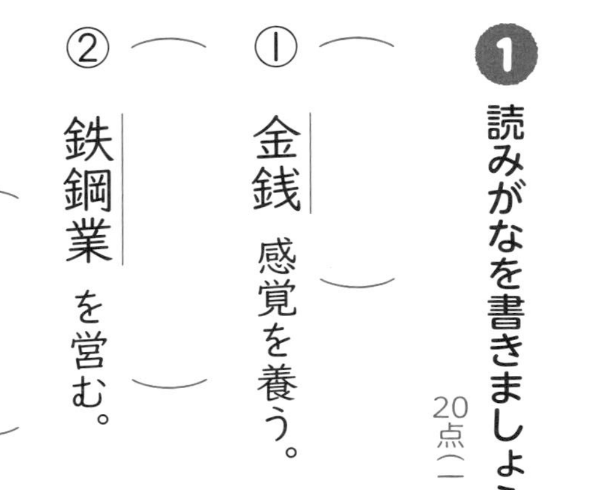

1 読みがなを書きましょう。 20点（一つ4）

①（　　）金銭 感覚を養う。

②（　　）鉄鋼業 を営む。

③ 政治を（　　）批判 する。

④（　　）体操 を行う。

⑤（　　）三 つ編みをした子。

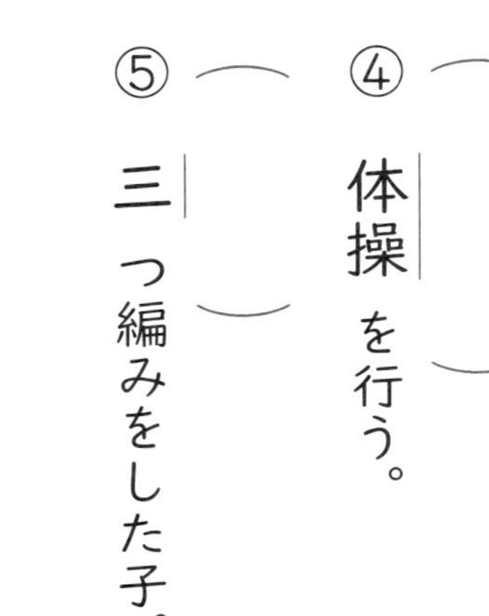
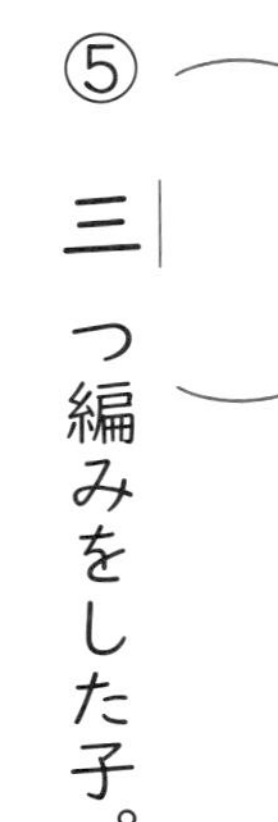

← 裏のページに続くよ！

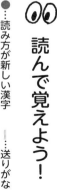

2 あてはまる漢字を書きましょう。

80点（一つ10）

① 友達と、となり町の 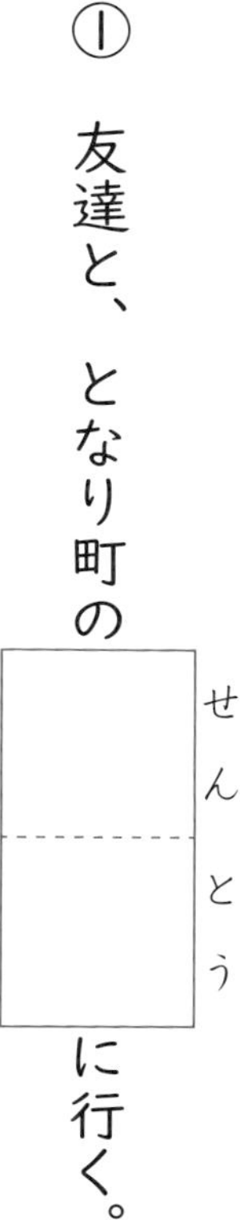 （せんとう）に行く。

② 受け取ったつり （せん）の金額を確にんする。

③ この工場の機械は、 （こうてつ）でできている。

④ となりの町は 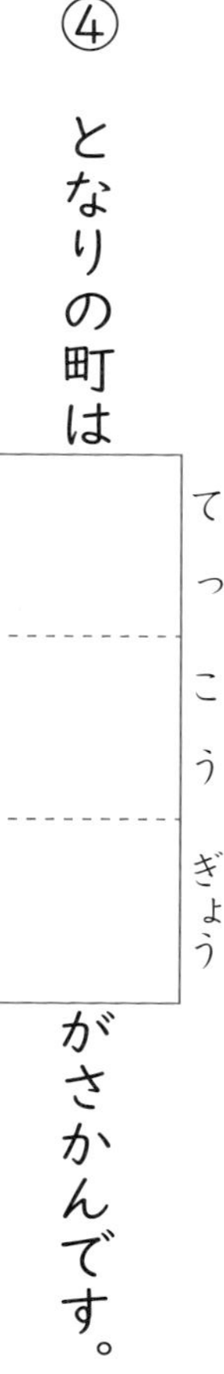 （てっこうぎょう）がさかんです。

⑤ 新聞にのっている本の  （ひひょう）を読む。

⑥ 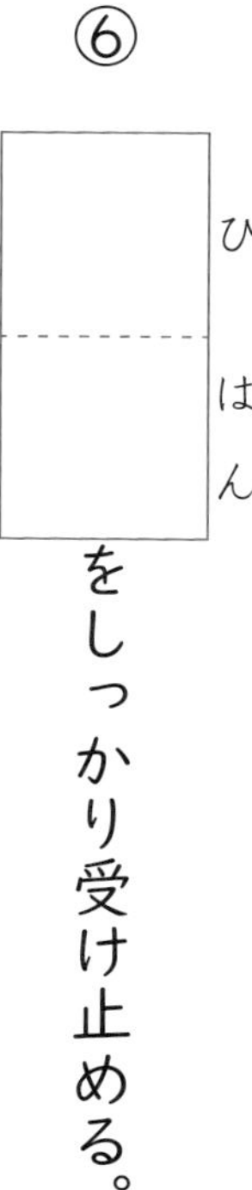 （ひはん）をしっかり受け止める。

⑦ 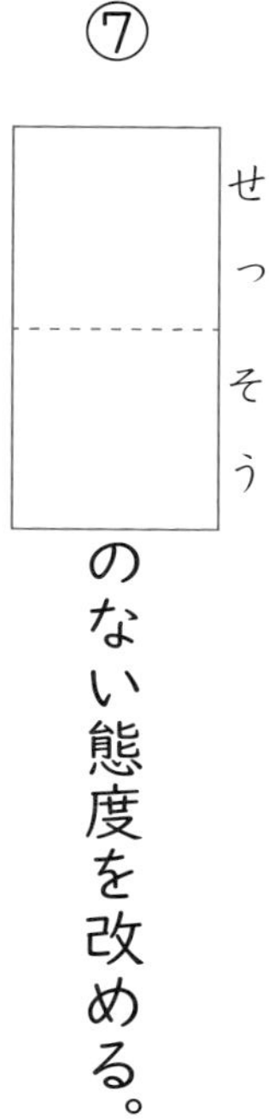 （せっそう）のない態度を改める。

⑧ 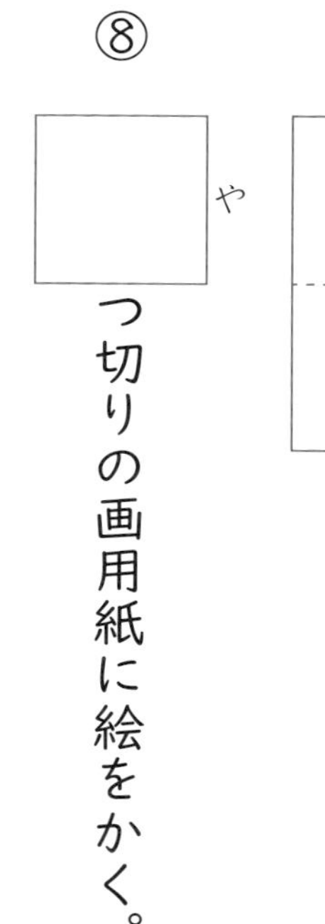 （や）つ切りの画用紙に絵をかく。

ヒント ⑤⑥「ひ」は、「ま」を忘れないように注意しましょう。

きほんのドリル 31。「永遠のごみ」プラスチック (1)

時間 15分　合格80点　/100

答え 101ページ

月　日

書いて覚えよう！

教 154ページ
困 コン／こまる（はらう）
7画 困困困困困困困
貧困（ひんこん）　困難（こんなん）　返事に困る（へんじ・こま）
困（くにがまえ）

教 154ページ
収 シュウ／おさめる・おさまる（はらう）
4画 収収収収
時間内に収まる（じかんない・おさ）　回収（かいしゅう）
収（また）

教 159ページ
捨 シャ／すてる（長く）
11画 捨捨捨捨捨捨捨捨捨捨捨
針を捨てる（はり・す）　四捨五入（ししゃごにゅう）
捨（てへん）

教 159ページ
装 ソウ（下を短く）
12画 装装装装装装装装装装装装
装備（そうび）　装置（そうち）　服装（ふくそう）　包装（ほうそう）
装（ころも）

教 159ページ
源 ゲン／みなもと（はねる）
13画 源源源源源源源源源源源源源
源泉（げんせん）　資源（しげん）　川の源（かわ・みなもと）
源（さんずい）

1 読みがなを書きましょう。 28点（一つ4）

① 貧（ひん）困（　）の原因を考える。

② 時間内に収（　）まる。

③ 栄養を吸収（　）する。

④ 注射針（しゃばり）を捨（　）てる。

⑤ 調査に必要な装備（　）。

⑥ 録音装置（　）を置く。

⑦ 元気の源（　）。

← 裏のページに続くよ！

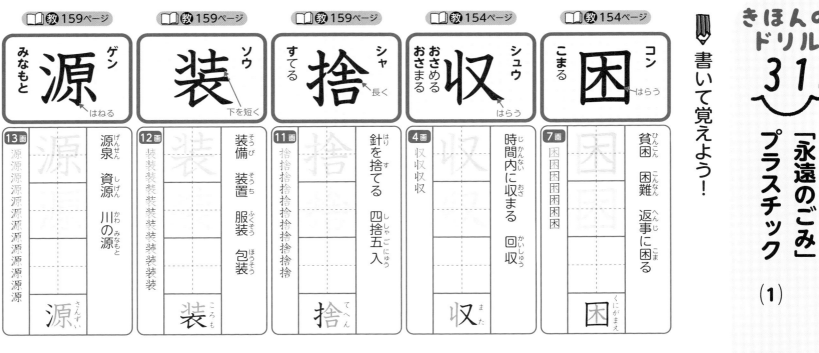

2 あてはまる漢字を書きましょう。

72点（一つ9）

① いくつもの［こん］難（なん）を乗りこえて、山の上にたどり着いた。

② ［こま］っている人に声をかける。

③ 文化遺産を活用した地域おこしが、大きな成果を［おさ］めた。

④ いとこは、切手の［しゅう］［しゅう］をしている。

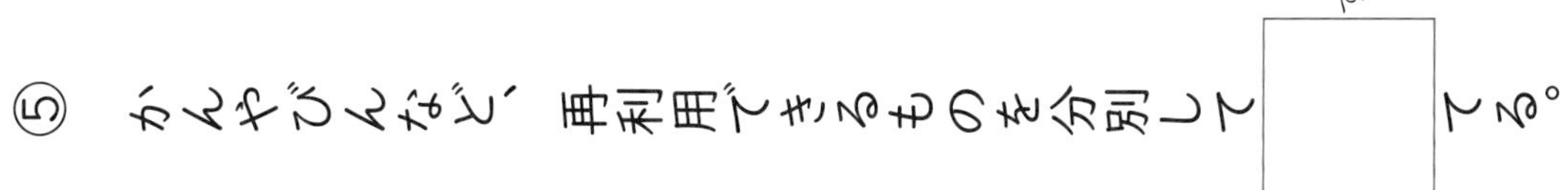

⑤ かんやびんなど、再利用できるものを分別して［す］てる。

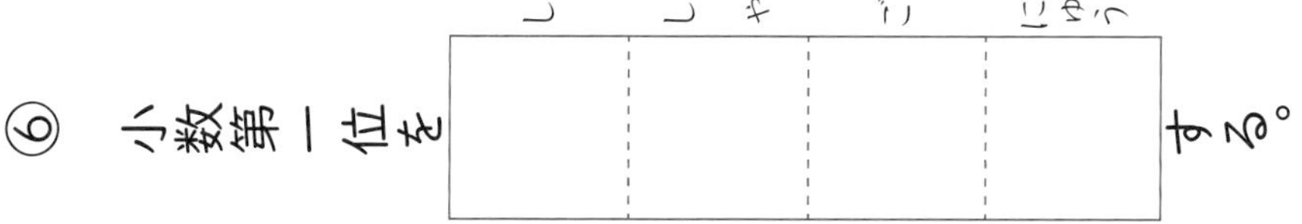

⑥ 小数第一位を［し］［しゃ］［ご］［にゅう］する。

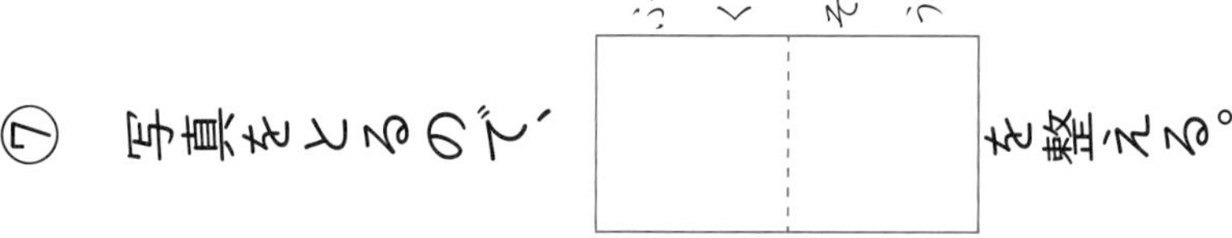

⑦ 写真をとるので、［ふく］［そう］を整える。

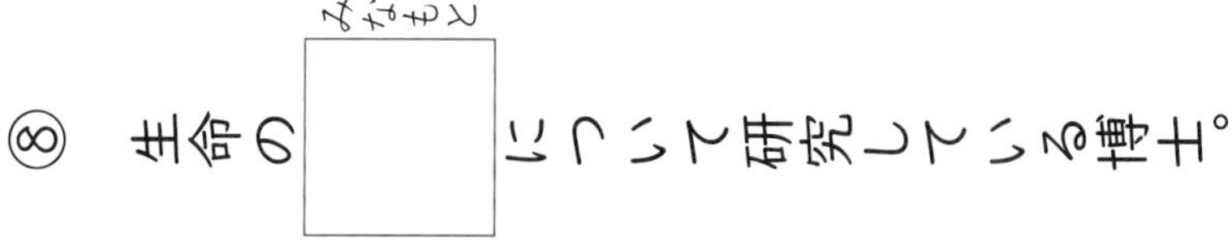

⑧ 生命の［みなもと］について研究している博士。

ヒント ⑤「すてる」と反対の意味の言葉「拾う」は、字形が似ているので注意しましょう。

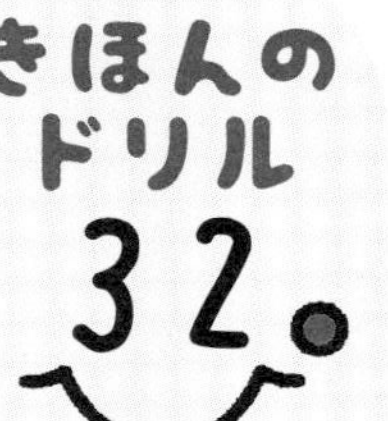

「永遠のごみ」プラスチック(2)
情報の信頼(らい)性と著(ちょ)作権(けん)

教科書 152～169ページ

書いて覚えよう！

教 159ページ　律　リツ（出る）
9画　律律律律律律律律律
法律(ほうりつ)　規律(きりつ)　調律(ちょうりつ)　一律(いちりつ)
律（ぎょうにんべん）

教 160ページ　従　ジュウ　したがう　したがえる（つける）
10画　従従従従従従従従従従
法律(ほうりつ)に従(したが)う　従順(じゅうじゅん)　従来(じゅうらい)
従（ぎょうにんべん）

教 163ページ　済　サイ　すむ　すます（はらう）
11画　済済済済済済済済済済済
経済(けいざい)　救済(きゅうさい)　用事(ようじ)が済(す)む
済（さんずい）

教 168ページ　著　チョ（つける）
11画　著著著著著著著著著著著
著作(ちょさく)　著名(ちょめい)　著者(ちょしゃ)　著述(ちょじゅつ)
著（くさかんむり）

教 168ページ　権　ケン（長く）
15画　権権権権権権権権権権権権権権権
権利(けんり)　権力(けんりょく)　人権(じんけん)　特権(とっけん)
権（きへん）

1 読みがなを書きましょう。 28点（一つ4）

① 法律（　　）について学ぶ。

② 規則に従（　　）う。

③ ホテルの従業員（　　）。

④ 経済（　　）が発展する。

⑤ 手続きが済（　　）む。

⑥ 著作（　　）にはげむ。

⑦ 国民の権利（　　）。

← 裏のページに続くよ！

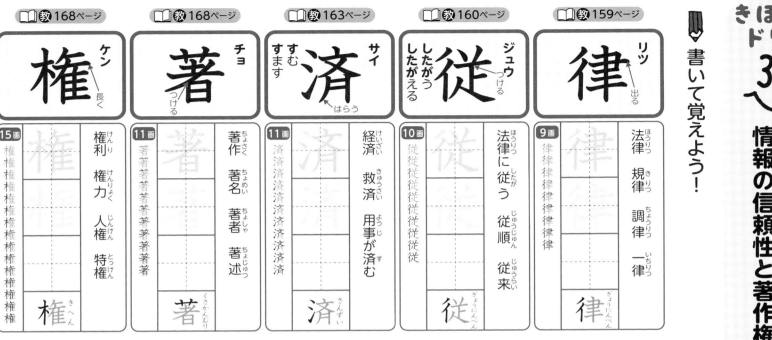

72点（一つ9）

2 あてはまる漢字を書きましょう。

① 父はピアノの［ちょうりつ］ができる。

② 山道を、現地の人に［したが］って歩く。

③ 祖父の家では、［じゅうじゅん］な犬を飼っている。

④ 多くの難(なん)民を［きゅうさい］するための方法を考える。

⑤ 家に帰って、真っ先に宿題を［す］ます。

⑥ ［ちょめい］な画家に、創作の助言をいただいた。

⑦ 基本的［じんけん］について教わる。

⑧ かれはついに［けんりょく］の座についた。

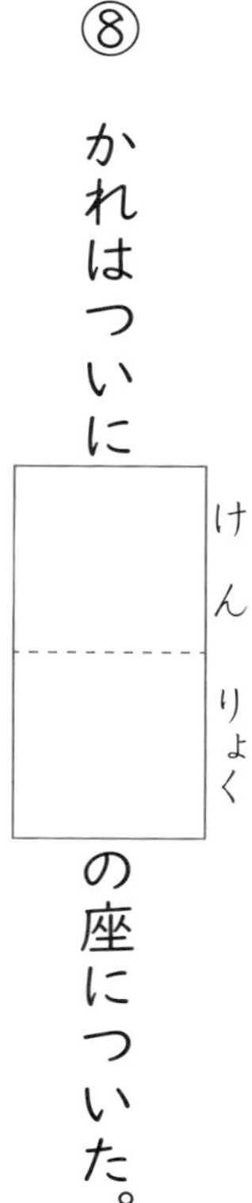

④「さい」⑤「す（ます）」の八～十一画目を「月」と書かないように注意しましょう。

まとめのドリル33 心の動きを俳句で表そう〜情報の信頼性と著作権

時間20分
合格80点
/100
答え102ページ
月 日

1 漢字の読みがなを書きましょう。 48点（一つ4）

① ぼくが作った俳句（　　）を発表します。

② 子どものころに近くのどうくつを探検（　　）した。

③ マラソン選手に沿道（　　）から声えんを送る。

④ 看護（　　）についての座談会（　　）に出席する。

⑤ 専門家（　　）の意見を聞いて、今後の対策を考える。

⑥ 機械の操作（　　）が難（むずか）しくて、とても苦労した。

⑦ ごみのポイ捨（　　）てを禁止する看板を立てる。

⑧ 著名（　　）なデザイナーがデザインした純白（　　）のドレスを見る。

⑨ 日本国憲（けん）法では勤労（　　）は権利（　　）でもあり、義務でもある。

教科書 112〜169ページ

← 裏のページに続くよ！

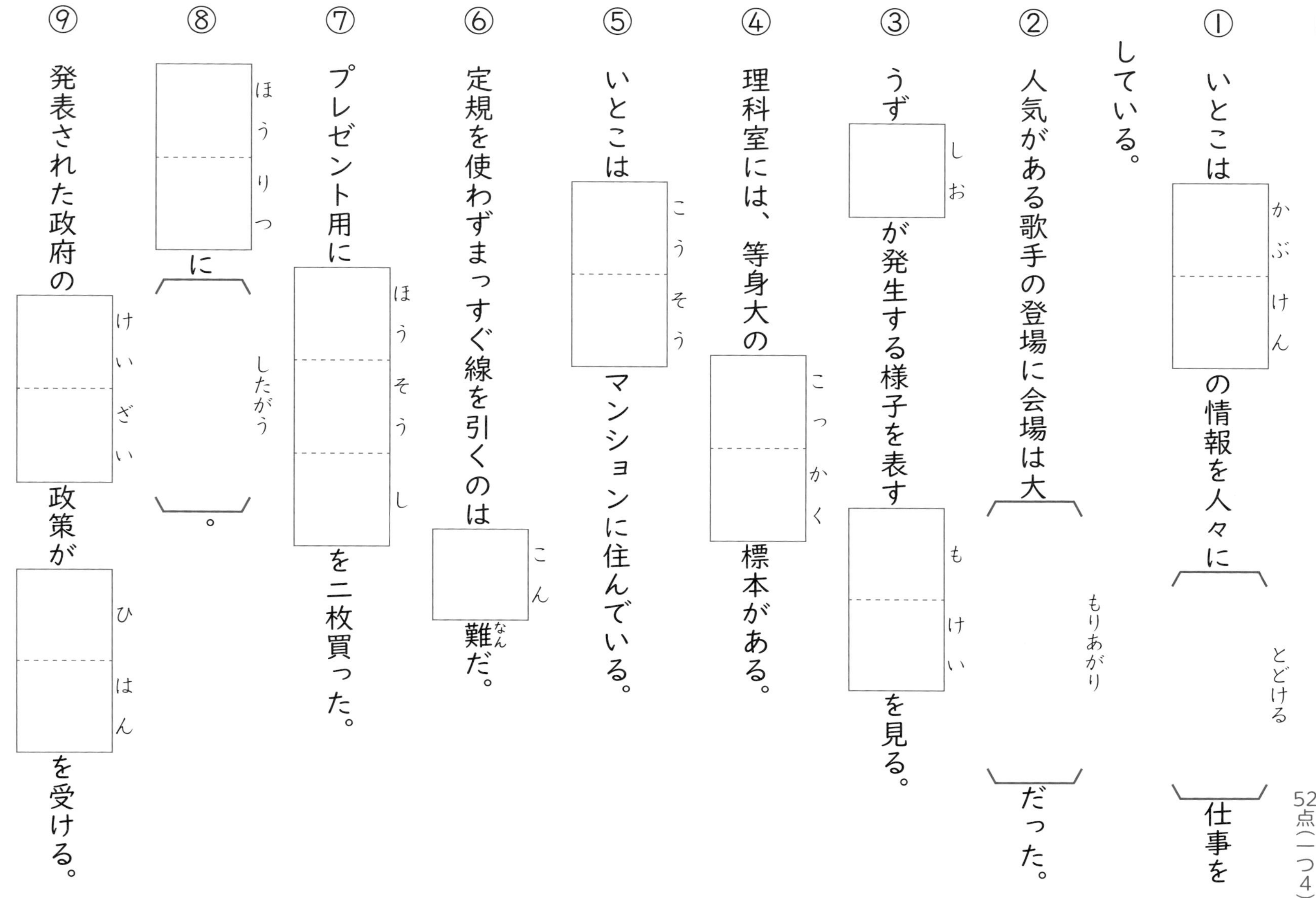

2 あてはまる漢字を書きましょう。〔　〕には漢字とひらがなを書きましょう。 52点（一つ4）

① いとこは□□（かぶけん）の情報を人々に〔　　〕（とどける）仕事をしている。

② 人気がある歌手の登場に会場は大〔　　〕（もりあがり）だった。

③ うず□（しお）が発生する様子を表す□□（もけい）を見る。

④ 理科室には、等身大の□□（こっかく）標本がある。

⑤ いとこは□□（こうそう）マンションに住んでいる。

⑥ 定規を使わずまっすぐ線を引くのは□（こん）難だ。

⑦ プレゼント用に□□□（ほうそうし）を二枚買った。

⑧ □□（ほうりつ）に〔　　〕（したがう）。

⑨ 発表された政府の□□（けいざい）政策が□□（ひはん）を受ける。

発信しよう、私たちのSDGs 漢字を使おう6 (1)

時間 15分
合格80点
/100
答え 102ページ
月 日

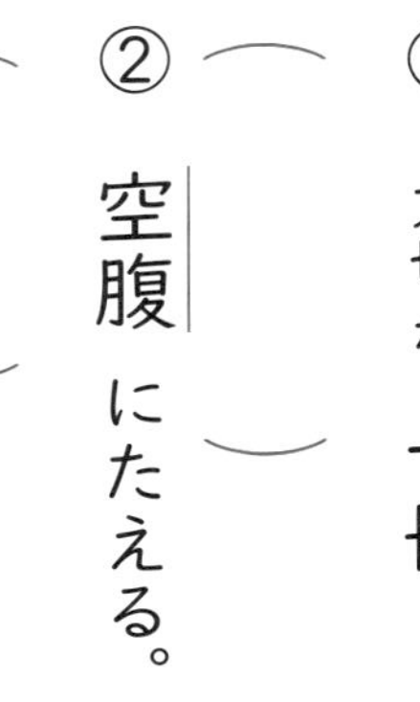

書いて覚えよう！

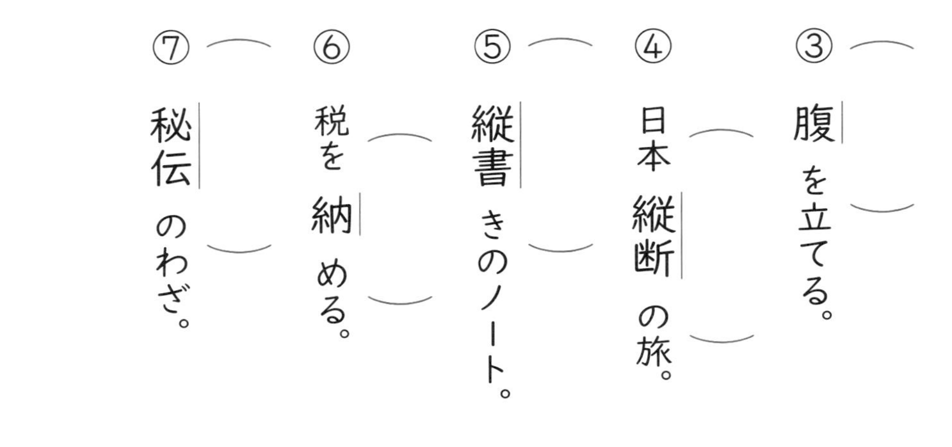

冊（教173ページ） サツ　5画　冊冊冊冊冊
一冊（いっさつ）　別冊（べっさつ）　冊数（さっすう）　冊子（さっし）　冂（どうがまえ・けいがまえ）

腹（教183ページ） フク　はら　13画　腹腹腹腹腹腹腹腹腹腹腹腹腹
空腹（くうふく）　腹部（ふくぶ）　腹（はら）が立（た）つ　月（にくづき）

縦（教183ページ） ジュウ　たて　16画　縦縦縦縦縦縦縦縦縦縦縦縦縦縦縦縦
縦断（じゅうだん）　縦横（じゅうおう）　縦書（たてが）き　糸（いとへん）

納（教183ページ） ノウ　おさめる　おさまる　10画　納納納納納納納納納納
税（ぜい）を納（おさ）める　収納庫（しゅうのうこ）　糸（いとへん）

秘（教183ページ） ヒ　10画　秘秘秘秘秘秘秘秘秘秘
秘密（ひみつ）　秘伝（ひでん）　神秘（しんぴ）　秘薬（ひやく）　禾（のぎへん）

1 読みがなを書きましょう。 28点（一つ4）

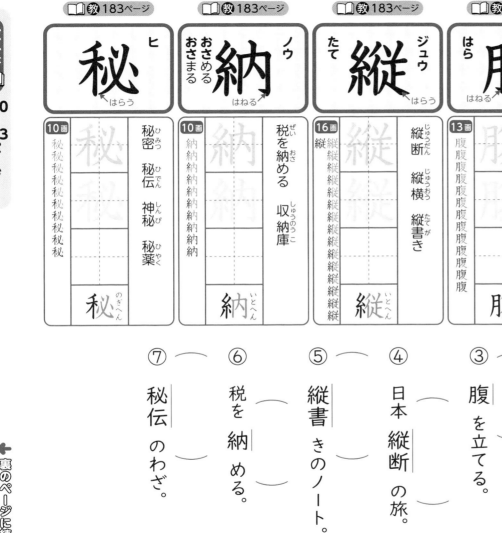

① 大切な 一冊（　　）。

② 空腹（　　）にたえる。

③ 腹（　　）を立てる。

④ 日本 縦断（　　）の旅。

⑤ 縦書（　　）きのノート。

⑥ 税を 納（　　）める。

⑦ 秘伝（　　）のわざ。

教科書 170～183ページ

← 裏のページに続くよ！

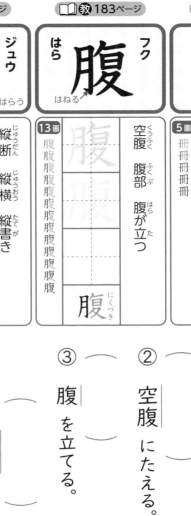

2 あてはまる漢字を書きましょう。

72点（一つ9）

① 全員に配る本の［さっすう］を数える。

② 山の［ちゅうふく］に着くと、雪が降ってきた。

③ 友達と［はら］を割って話をする。

④ グラウンドを［じゅうおう］無じんに走り回る。

⑤ 友達と［たてぶえ］の練習をする。

⑥ 書道教室の先生に、月謝を［おさ］める。

⑦ ［のうぜい］は国民の義務だ。

⑧ ［しんぴてき］な宇宙の写真を見る。

①「さっ」の五画目は左右につき出して書きましょう。

漢字を使おう6 (2)

複合語 (1)

時間 15分 合格80点 /100

答え 102ページ

月　日

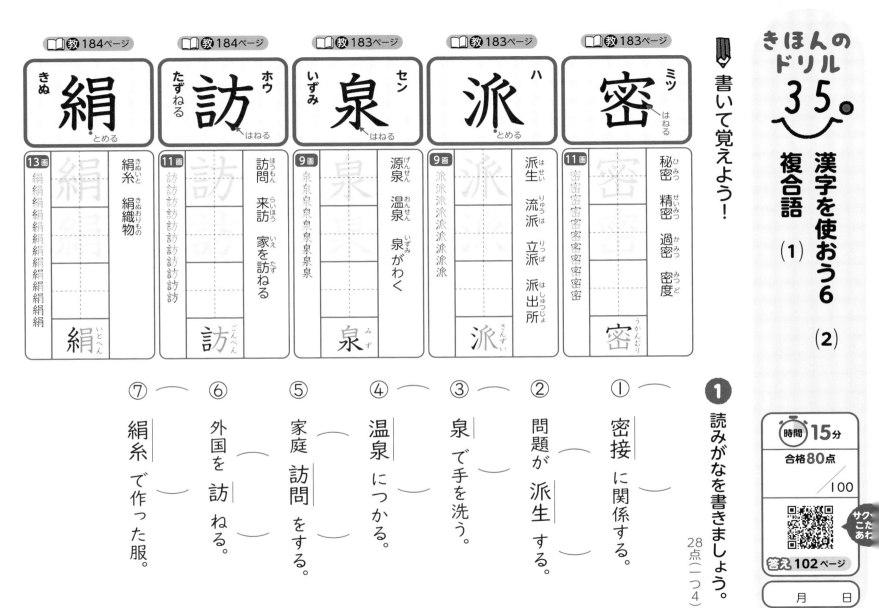

書いて覚えよう!

密 ミツ（はねる） 教183ページ
11画 密密密密密密密密密密密
秘密（ひみつ） 精密（せいみつ） 過密（かみつ） 密度（みつど）
部首：うかんむり

派 ハ（とめる） 教183ページ
9画 派派派派派派派派派
派生（はせい） 流派（りゅうは） 立派（りっぱ） 派出所（はしゅつじょ）
部首：さんずい

泉 セン・いずみ（はねる） 教183ページ
9画 泉泉泉泉泉泉泉泉泉
源泉（げんせん） 温泉（おんせん） 泉（いずみ）がわく
部首：みず

訪 ホウ・たずねる（はねる） 教184ページ
11画 訪訪訪訪訪訪訪訪訪訪訪
訪問（ほうもん） 来訪（らいほう） 家（いえ）を訪（たず）ねる
部首：ごんべん

絹 きぬ（とめる） 教184ページ
13画 絹絹絹絹絹絹絹絹絹絹絹絹絹
絹糸（きぬいと） 絹織物（きぬおりもの）
部首：いとへん

1 読みがなを書きましょう。
28点（一つ4）

① 密接（　）に関係する。
② 問題が派生（　）する。
③ 泉（　）で手を洗う。
④ 温泉（　）につかる。
⑤ 家庭訪問（　）をする。
⑥ 外国を訪（　）ねる。
⑦ 絹糸（　）で作った服。

教科書 183～185ページ

裏のページに続くよ!

2 あてはまる漢字を書きましょう。

72点(一つ9)

① 人口［みつど］が高い国を調べる。

② ［りっぱ］なたてがみをもつライオン。

③ 冬休みに、家族で［おんせん］旅行に行く。

④ 草原にある［いずみ］の周りには、多くの生物が集まる。

⑤ ドイツから母の知人が［らいほう］する。

⑥ 三年ぶりに旧友を［たず］ねる。

⑦ 妹は、お気に入りの［きぬ］のハンカチを持ち歩いている。

⑧ 服をぬうのに［きぬいと］を使った。

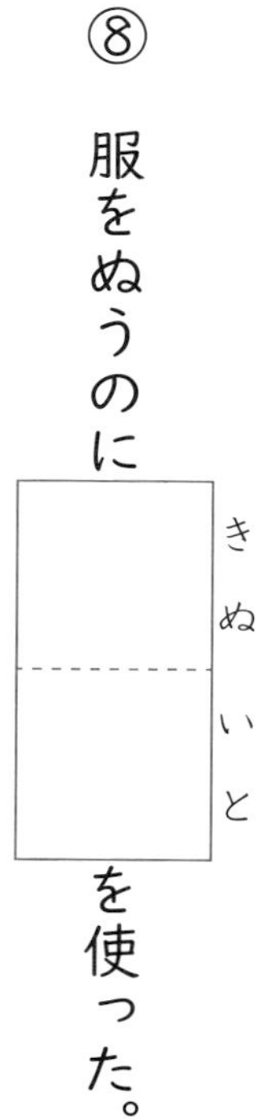

ヒント ③「せん」④「いずみ」の七画目の「フ」を「ㇷ」「く」と二筆で書かないように注意しましょう。

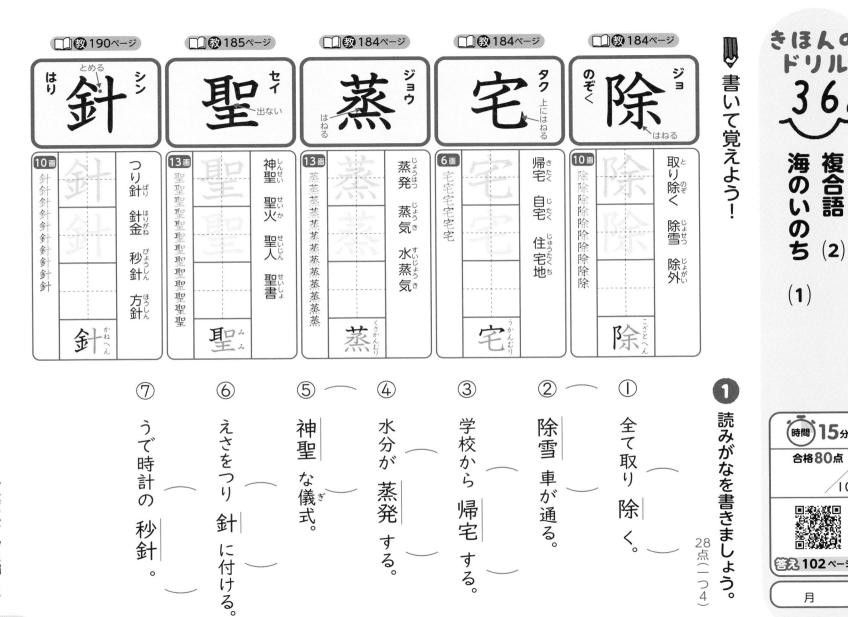

きほんのドリル 36。

複合語 (2) 海のいのち (1)

時間15分　合格80点　／100　答え102ページ　月　日

書いて覚えよう！

除（のぞく）ジョ　教184ページ　はねる　10画　こざとへん
除除除除除除除除除除
取り除く（とりのぞく）　除雪（じょせつ）　除外（じょがい）

宅　タク　教184ページ　上にはねる　6画　うかんむり
宅宅宅宅宅宅
帰宅（きたく）　自宅（じたく）　住宅地（じゅうたくち）

蒸　ジョウ　教184ページ　はねる　13画　くさかんむり
蒸蒸蒸蒸蒸蒸蒸蒸蒸蒸蒸蒸蒸
蒸発（じょうはつ）　蒸気（じょうき）　水蒸気（すいじょうき）

聖　セイ　教185ページ　出ない　13画　みみ
聖聖聖聖聖聖聖聖聖聖聖聖聖
神聖（しんせい）　聖火（せいか）　聖人（せいじん）　聖書（せいしょ）

針（はり）シン　教190ページ　とめる　10画　かねへん
針針針針針針針針針針
つり針（つりばり）　針金（はりがね）　秒針（びょうしん）　方針（ほうしん）

1 読みがなを書きましょう。　28点（一つ4）

① 全て取り除く。（　）
② 除雪車が通る。（　）
③ 学校から帰宅する。（　）
④ 水分が蒸発する。（　）
⑤ 神聖な儀（ぎ）式。（　）
⑥ えさをつり針に付ける。（　）
⑦ うで時計の秒針。（　）

教科書 184～200ページ

裏のページに続くよ！

2 あてはまる漢字を書きましょう。

72点（一つ9）

① 欠席中の一人を［のぞ］いて、全員が集まった。

② このあとみんなで、道路の［じょせつ］をする予定だ。

③ ［じたく］の庭にはブランコがある。

④ おばからの［たくはいびん］が届く。

⑤ ［じょうき］機関車に乗る。

⑥ ホテルの部屋に置かれていた［せいしょ］を読む。

⑦ 今後の児童会の［ほうしん］を全員で考える。

⑧ ［はりがね］とねん土を使って、人形を作る。

⑤「じょう」の中央を「水」や「氺」と書かないように注意しましょう。

きほんのドリル 37

海のいのち (2)
漢字を使おう7 (1)

時間 15分　合格80点　/100

答え 102ページ

月　日

書いて覚えよう！

教 195ページ
宝　ホウ　たから（わすれずに）　8画
宝石（ほうせき）　宝庫（ほうこ）　宝物（たからもの）　宝船（たからぶね）
宝（うかんむり）

教 195ページ
灰　はい（はなす）　6画
灰色（はいいろ）　火山灰（かざんばい）　灰（はい）になる
灰（ひ）

教 195ページ
優　ユウ（「百」にしない）　17画
優勝（ゆうしょう）　優先（ゆうせん）　優位（ゆうい）　優待（ゆうたい）
優（にんべん）

教 201ページ
乱　ラン　みだれる　みだす（上にはねる）　7画
本（ほん）だなを乱（みだ）す　乱雑（らんざつ）
乱（おつ）

教 201ページ
染　そめる　そまる（「丸」にしない）　9画
夕日（ゆうひ）に染（そ）まる　染（そ）め物（もの）
染（き）

1 読みがなを書きましょう。　28点（一つ4）

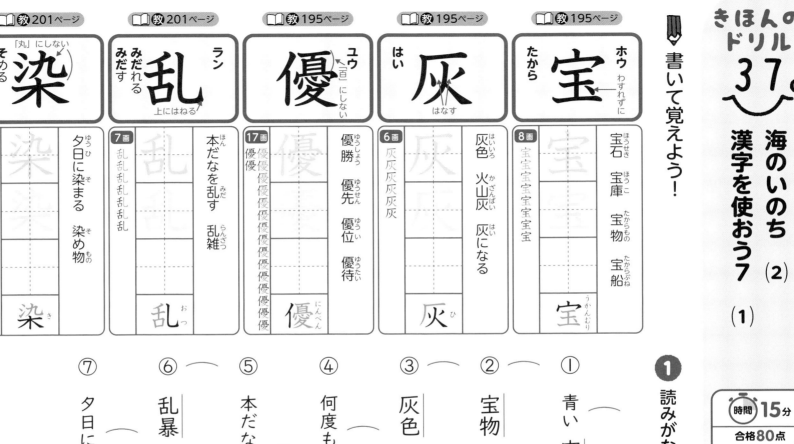

① 青い 宝石（　　）。
② 宝物（　　）を見せる。
③ 灰色（　　）の空。
④ 何度も 優勝（　　）する。
⑤ 本だなを 乱（　　）す。
⑥ 乱暴（　　）な行い。
⑦ 夕日に 染（　　）まる。

 裏のページに続くよ！

2 あてはまる漢字を書きましょう。

72点（一つ9）

① 家族旅行で、［こく｜ほう］の仏像を見た。

② この野球道具は、私の［たから｜もの］だ。

③ このごみ処理場では［はい］を再利用している。

④ 老人や子どもを［ゆう｜せん］して入場させる。

⑤ 機械の操作が難（むずか）しくて、頭が［こん｜らん］する。

⑥ 強風がふき、かみの毛が［み］だれる。

⑦ 妹が、はずかしそうにほおを［そ］める。

⑧ あい色に［そ］まった布。

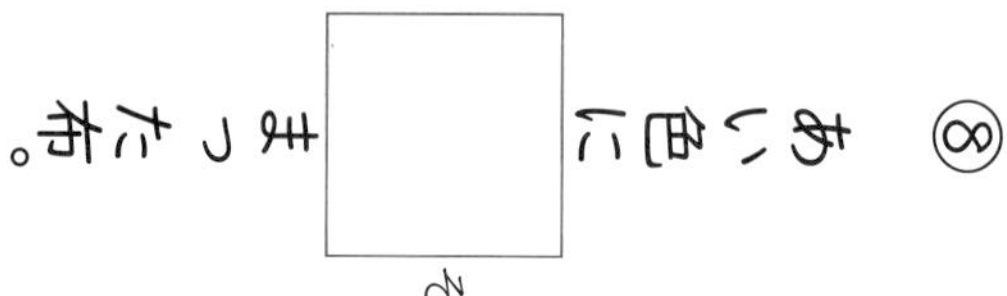
④「ゆう」の右上を「百」や「目」としないように注意しましょう。

きほんのドリル 38

漢字を使おう7 (2)

時間 15分　合格80点　／100

答え 102ページ
月　日

書いて覚えよう！

預（教201ページ）ヨ　あずける・あずかる（はねる）
13画
荷物（にもつ）を預（あず）かる　預金（よきん）
頁（おおがい）

退（教201ページ）タイ　しりぞく・しりぞける（折れてはねる）
9画
退去（たいきょ）　退院（たいいん）　退化（たいか）　地位（ちい）を退（しりぞ）く
⻌（しんにょう・しんにゅう）

寸（教201ページ）スン（はねる）
3画
寸法（すんぽう）　寸前（すんぜん）　原寸（げんすん）　寸劇（すんげき）
寸（すん）

射（教201ページ）シャ　いる（はねる）
10画
注射（ちゅうしゃ）　反射（はんしゃ）　矢（や）を射（い）る
寸（すん）

磁（教201ページ）ジ（つける）
14画
電磁石（でんじしゃく）　磁力（じりょく）　磁器（じき）
石（いしへん）

読んで覚えよう！

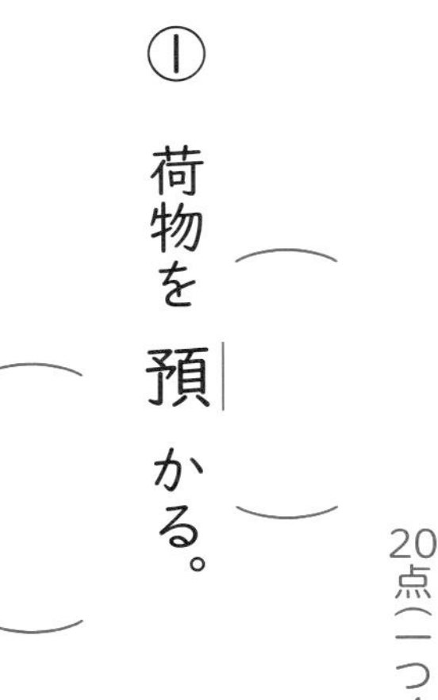

●…読み方が新しい漢字

石（教201ページ）シャク　セキ　いし

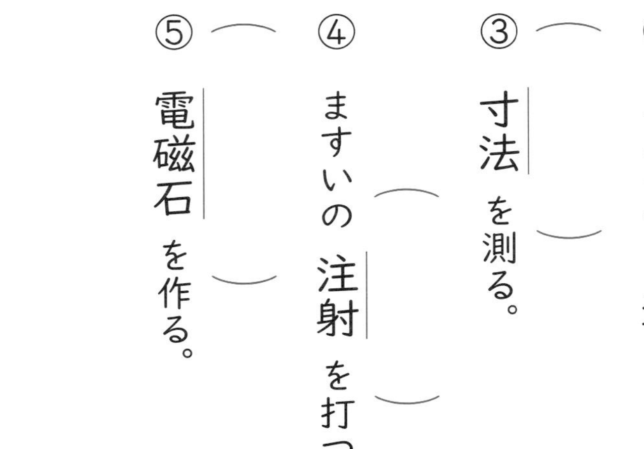

1 読みがなを書きましょう。　20点（一つ4）

① 荷物を預かる。（　　　）
② 名人の位を退く。（　　　）
③ 寸法を測る。（　　　）
④ ますいの注射を打つ。（　　　）
⑤ 電磁石を作る。（　　　）

裏のページに続くよ！

教科書 201ページ

2 あてはまる漢字を書きましょう。

80点（一つ10）

① 医師は人の命を□（あず）かる仕事だ。

② 銀行に（よきん）通帳の残高を確にんしに行く。

③ けがが治った父が、明日の朝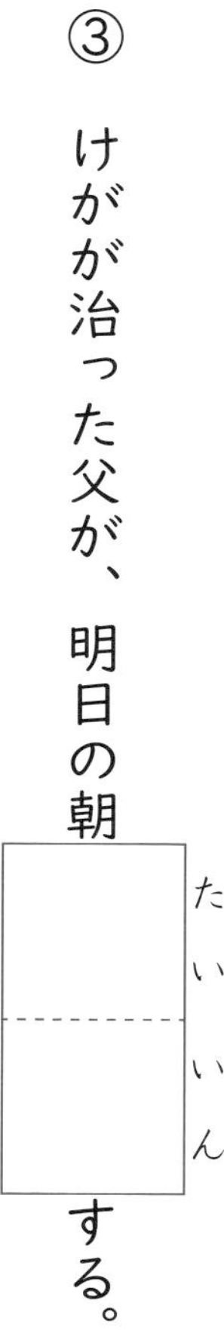（たいいん）する。

④ 祖父は、今年度限りで社長を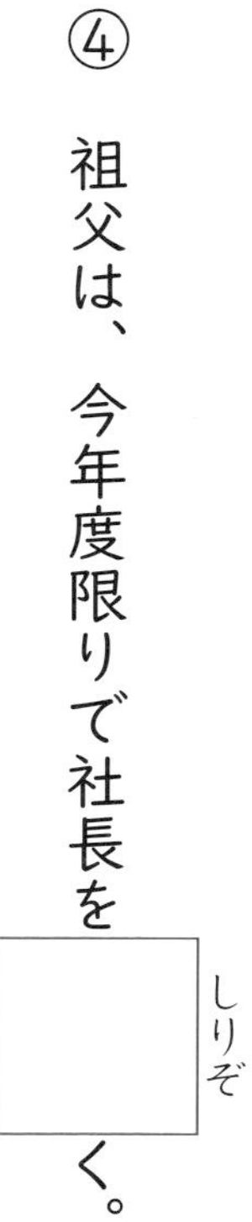（しりぞ）く。

⑤ ゴール□□（すんぜん）で、先頭の走者をぬいた。

⑥ 長年、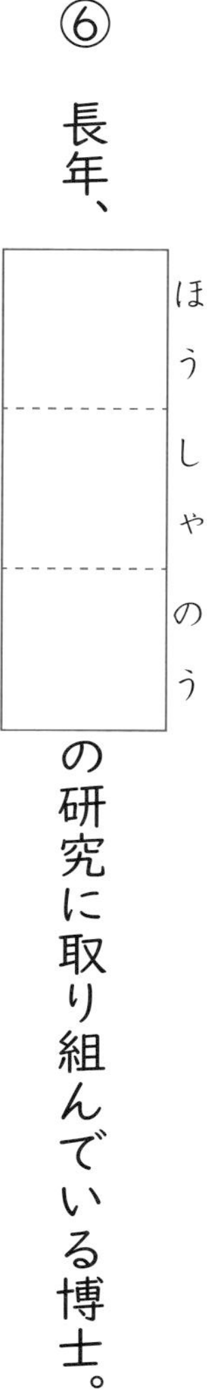（ほうしゃのう）の研究に取り組んでいる博士。

⑦ 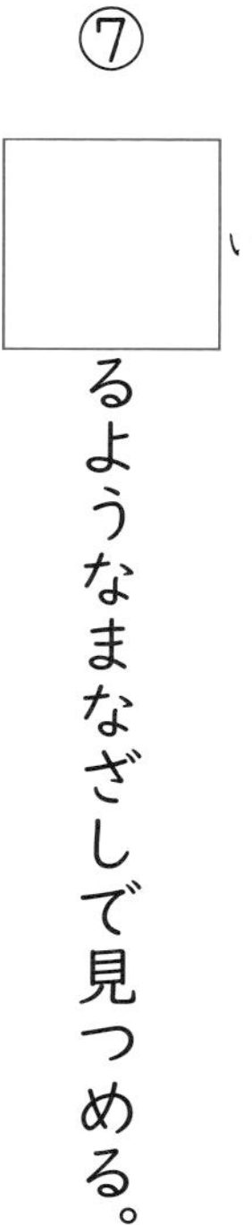（い）るようなまなざしで見つめる。

⑧ 理科の授業で、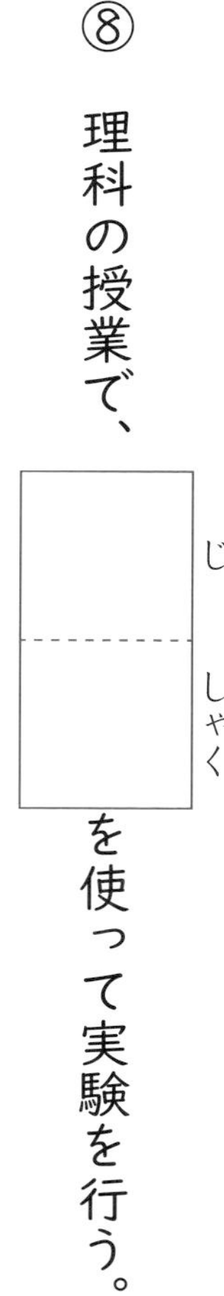（じしゃく）を使って実験を行う。

 ③「たい」④「しりぞ（く）」の右上を「良」と書かないように注意しましょう。

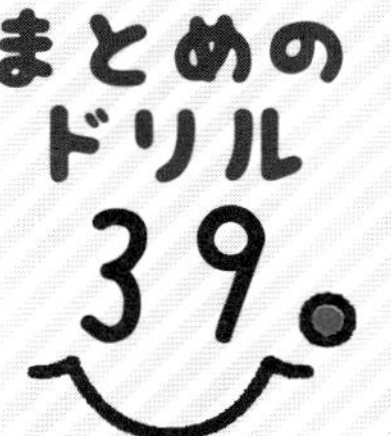

発信しよう、私(わたし)たちのSDGs(エスディージーズ)～漢字を使おう7

時間 20分
合格80点
/100
答え 102ページ
月 日

1 漢字の読みがなを書きましょう。　48点（一つ4）

① **国宝**（　　）の展覧会に、多くの人が集まった。

② **派手**（　　）な衣しょうを着た人々がおどっている。

③ 全力で走ったので、かみの毛が**乱**（　　）れた。

④ 飛行機は西へと**針路**（　　）を取った。

⑤ この**泉**（　　）は、現地では**神聖**（　　）なものとしてあがめられている。

⑥ この問題集の解答は**別冊**（　　）になっている。

⑦ お世話になっている先生のご**自宅**（　　）を**訪問**（　　）する。

⑧ この窓の**寸法**（　　）は**縦**（　　）が一メートルで横が五十センチだ。

⑨ 山の**中腹**（　　）から頂(ちょう)上まで、五時間かけて登った。

教科書 170～201ページ

裏のページに続くよ！

2 あてはまる漢字を書きましょう。〔　〕には漢字とひらがなを書きましょう。 52点（一つ4）

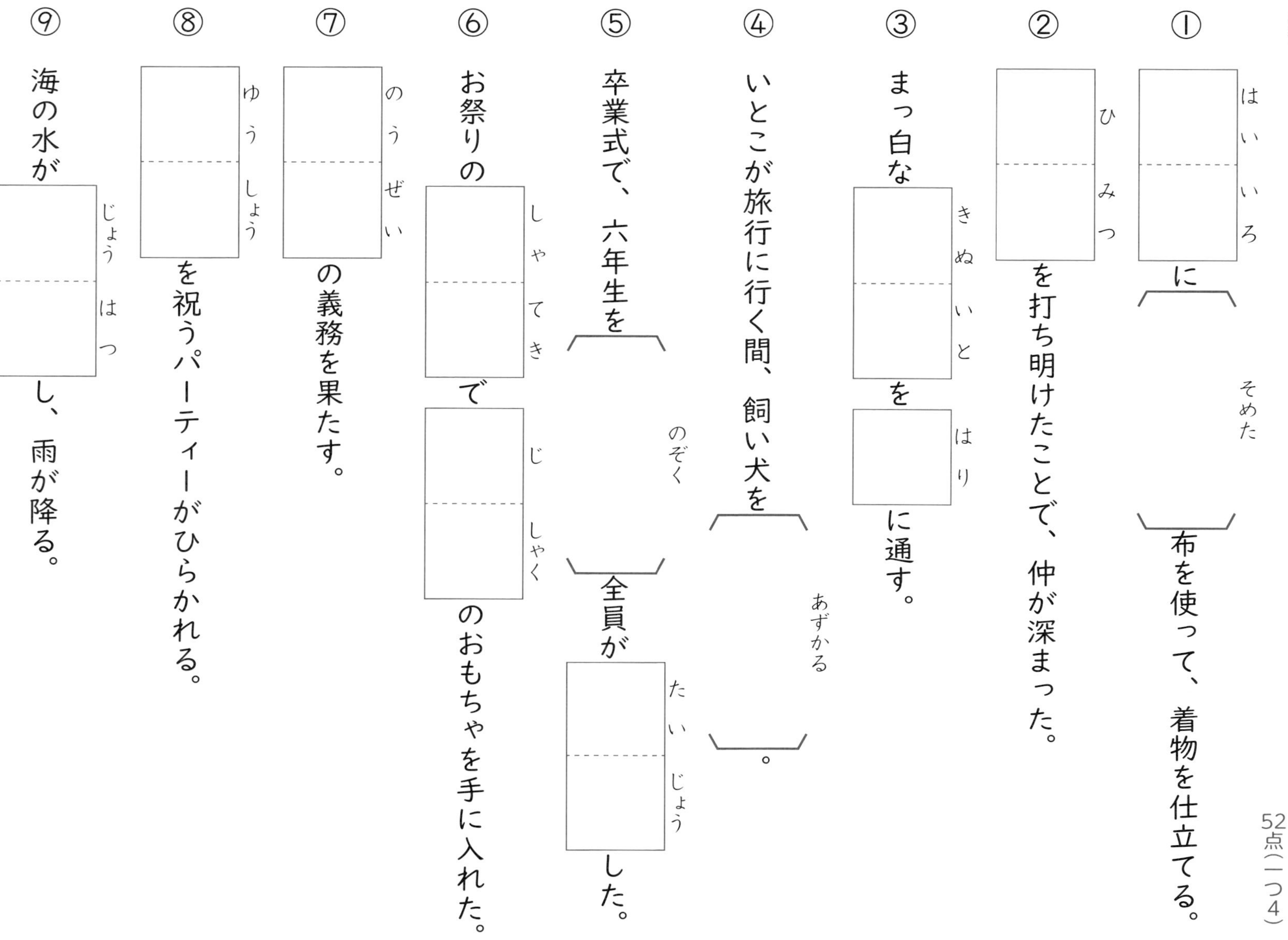

① □□（はいいろ）に〔　　（そめた）〕布を使って、着物を仕立てる。

② □□（ひみつ）を打ち明けたことで、仲が深まった。

③ まっ白な□□（きぬいと）を□（はり）に通す。

④ いとこが旅行に行く間、飼い犬を〔　　（あずかる）〕。

⑤ 卒業式で、六年生を〔　　（のぞく）〕全員が□□（たいじょう）した。

⑥ お祭りの□□（しゃてき）で□□（じしゃく）のおもちゃを手に入れた。

⑦ □□（のうぜい）の義務を果たす。

⑧ □□（ゆうしょう）を祝うパーティーがひらかれる。

⑨ 海の水が□□（じょうはつ）し、雨が降る。

きほんのドリル 40。

漢字を使おう8 (1)

時間15分　合格80点　/100

答え102ページ

月　日

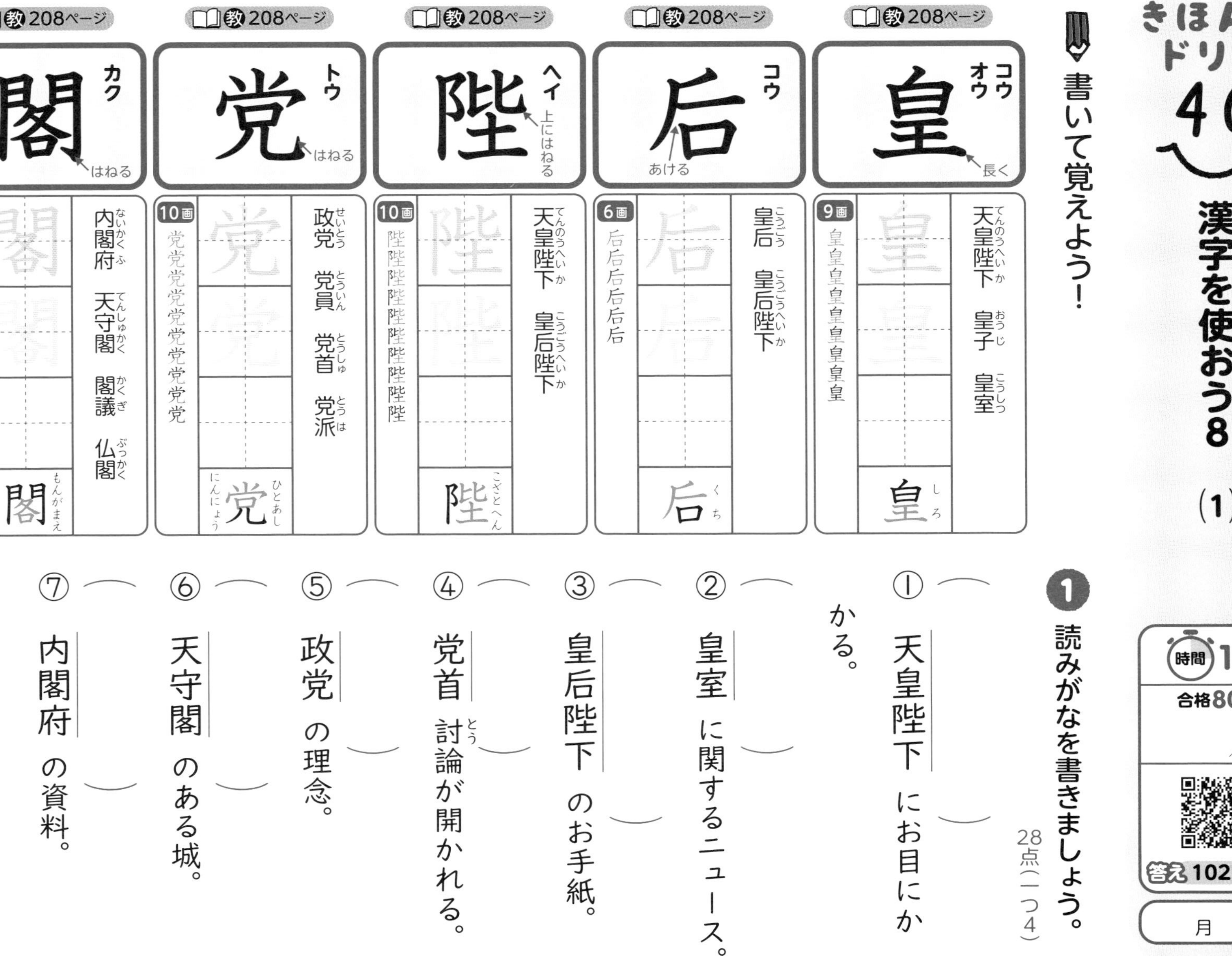

書いて覚えよう！

教208ページ
皇　コウ　オウ　（長く）　9画
天皇陛下（てんのうへいか）　皇子（おうじ）　皇室（こうしつ）
皇（しろ）

教208ページ
后　コウ　（あける）　6画
皇后（こうごう）　皇后陛下（こうごうへいか）
后（くち）

教208ページ
陛　ヘイ　（上にはねる）　10画
天皇陛下（てんのうへいか）　皇后陛下（こうごうへいか）
陛（こざとへん）

教208ページ
党　トウ　（はねる）　10画
政党（せいとう）　党員（とういん）　党首（とうしゅ）　党派（とうは）
党（ひとあし・にんにょう）

教208ページ
閣　カク　（はねる）　14画
内閣府（ないかくふ）　天守閣（てんしゅかく）　閣議（かくぎ）　仏閣（ぶっかく）
閣（もんがまえ）

1 読みがなを書きましょう。 28点（一つ4）

① 天皇陛下（　　）にお目にかかる。

② 皇室（　　）に関するニュース。

③ 皇后陛下（　　）のお手紙。

④ 党首（　　）討（とう）論が開かれる。

⑤ 政党（　　）の理念。

⑥ 天守閣（　　）のある城。

⑦ 内閣府（　　）の資料。

← 裏のページに続くよ！

教科書 208ページ

2 あてはまる漢字を書きましょう。

72点（一つ9）

① 明日は［てんのう］誕生日なので、学校は休みだ。

② テレビで［こうしつ］の方々の番組を見た。

③ 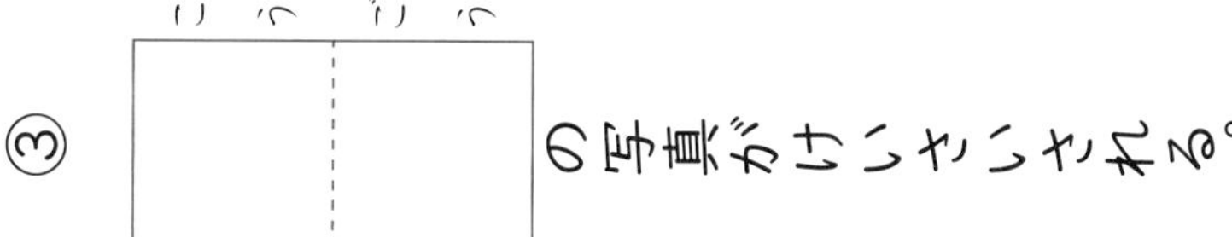［こうごう］の写真がけいさいされる。

④ 両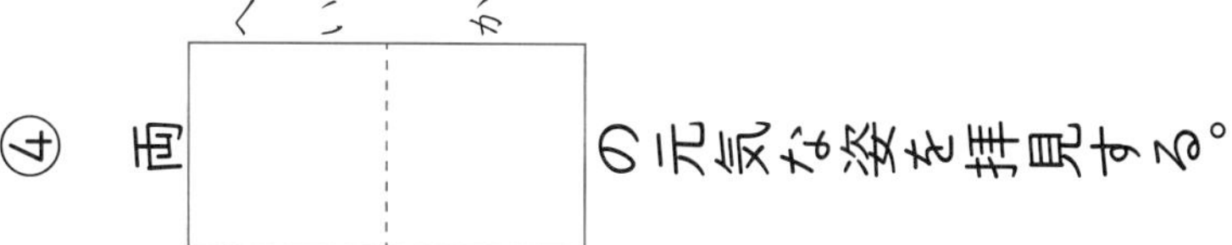［へいか］の元気な姿を拝見する。

⑤ 法案に［やとう］側が反対意見を述べる。

⑥ その問題で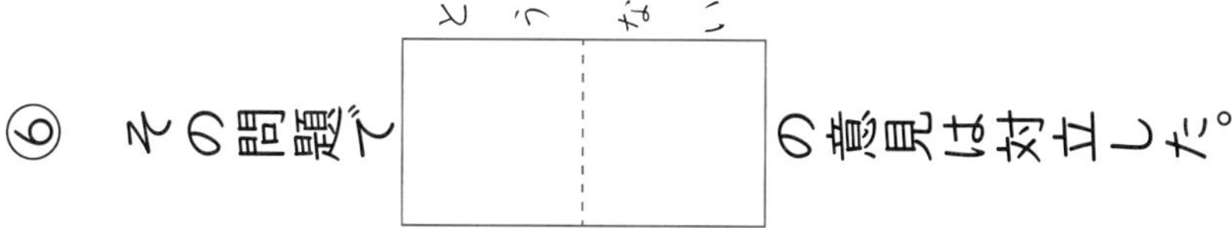［とうない］の意見は対立した。

⑦ 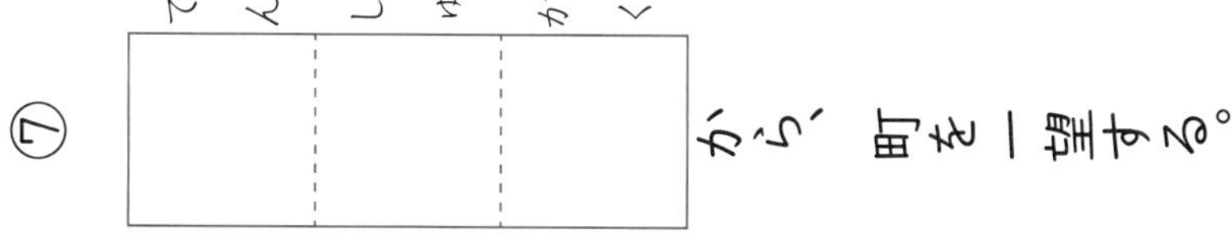［てんしゅかく］から、町を一望する。

⑧ この町には歴史ある神社や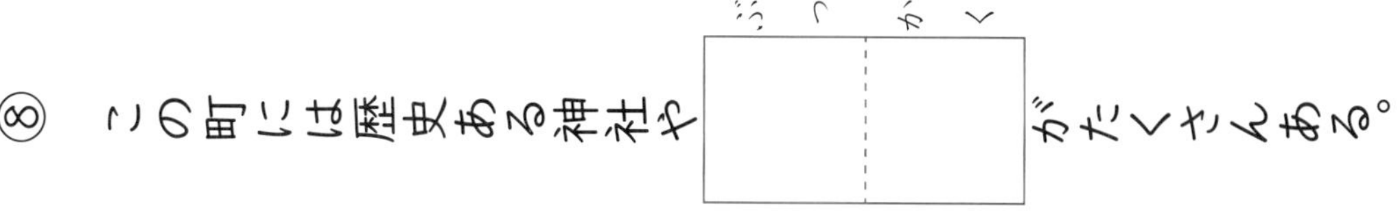［ぶっかく］がたくさんある。

ヒント ⑤⑥「とう」の「…」を「…」と書かないように注意しましょう。

きほんのドリル 41。

漢字を使おう8 (2)

時間 15分　合格80点　／100

答え 102ページ

月　日

書いて覚えよう！

教 208ページ

庁 チョウ（はねる）

5画　庁庁庁庁庁

消防庁（しょうぼうちょう）　県庁（けんちょう）　登庁（とうちょう）

庁（まだれ）

教 208ページ

裁 サイ　さばく（忘れずに）

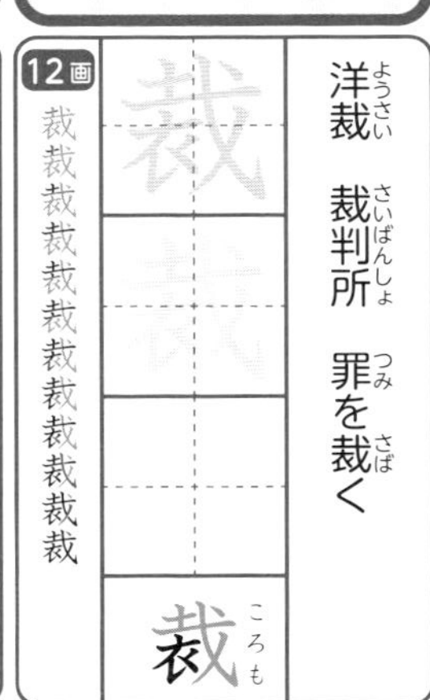

12画　裁裁裁裁裁裁裁裁裁裁裁裁

洋裁（ようさい）　裁判所（さいばんしょ）　罪（つみ）を裁（さば）く

裁（ころも）

教 208ページ

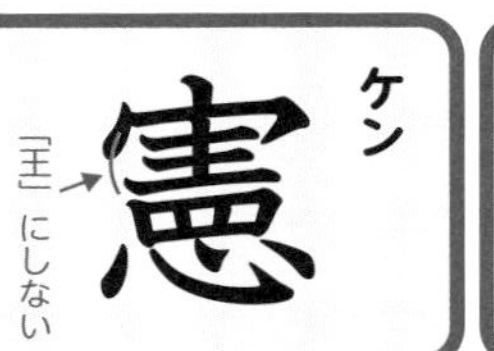

憲 ケン（「王」にしない）

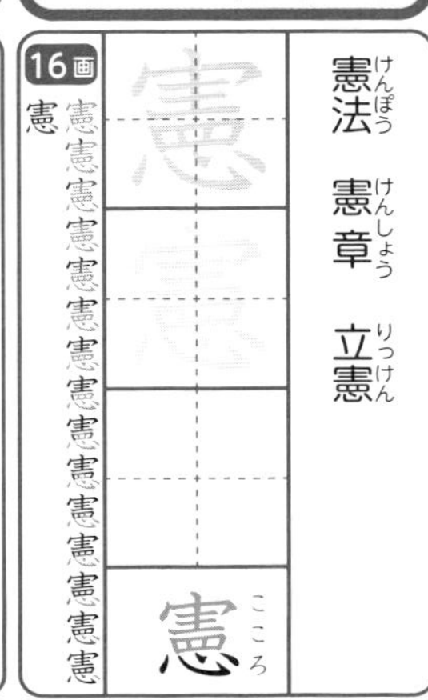

16画　憲憲憲憲憲憲憲憲憲憲憲憲憲憲憲憲

憲法（けんぽう）　憲章（けんしょう）　立憲（りっけん）

憲（こころ）

教 208ページ

己 コ（上にはねる）

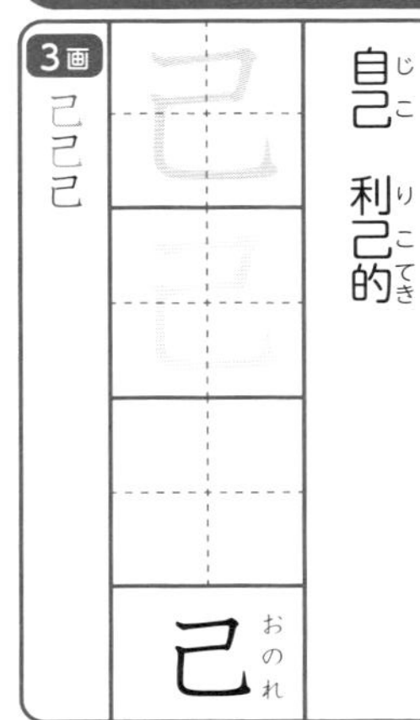

3画　己己己

自己（じこ）　利己的（りこてき）

己（おのれ）

「己」は「已」としないように気をつけよう。

1 読みがなを書きましょう。

28点（一つ4）

①（　　）消防庁の場所。

②（　　）洋裁学校で働く。

③罪人を（　　）裁く。

④（　　）立憲主義

⑤（　　）憲法記念日

⑥（　　）自己しょうかい

⑦（　　）利己的な考え方。

裏のページに続くよ！

教科書 208ページ

2 あてはまる漢字を書きましょう。

72点（一つ9）

① （きしょうちょう）が台風の進路を発表する。

② 町の中央には多くの（かんこうちょう）があります。

③ 学校の社会科見学で（さいばんしょ）に行く。

④ 友達同士のもめごとを（さば）く。

⑤ 児童（けんしょう）についての話を聞く。

⑥ イギリスは、（りっけん）君主制の国です。

⑦ （じこ）中心的な考え方を改める。

⑧ （りこてき）にならないように注意する。

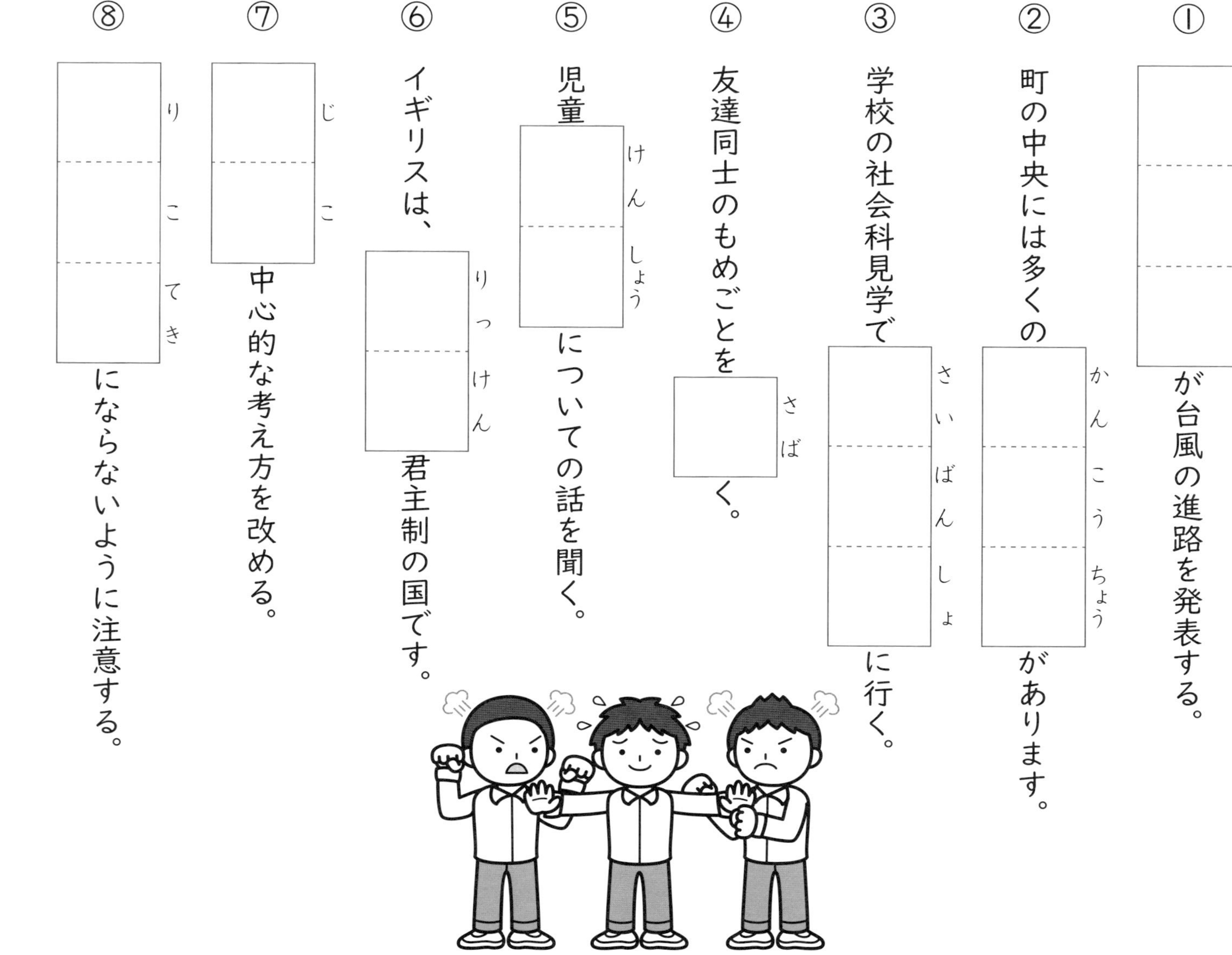

ヒント ③「さい」④「さば(く)」の十二画目を忘れないようにしましょう。

漢字を使おう8 (3)

書いて覚えよう！

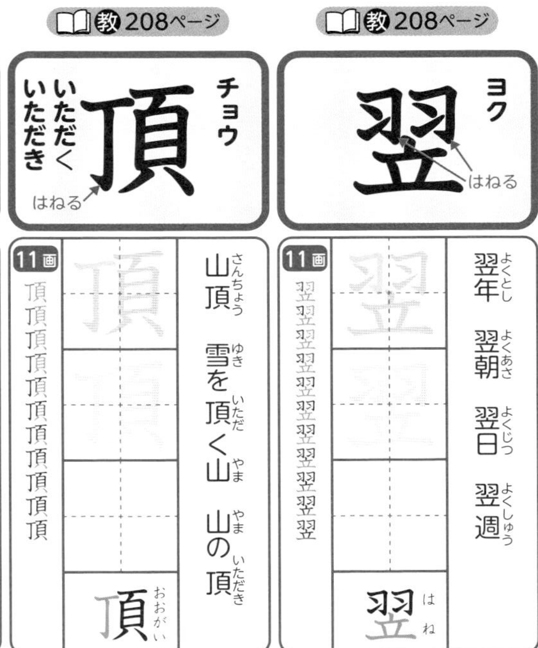

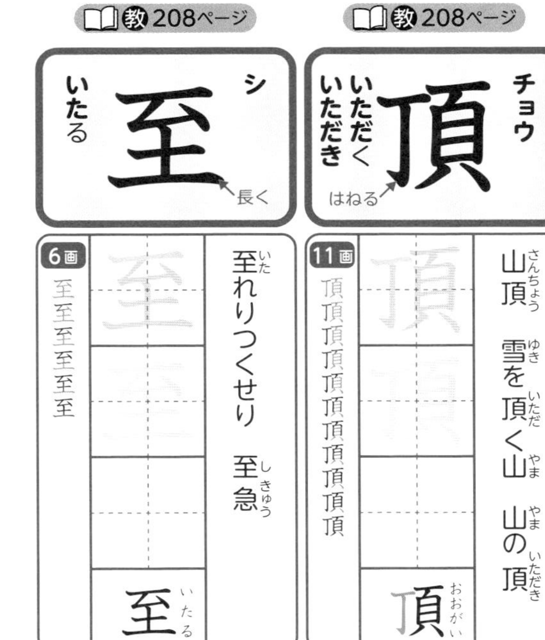

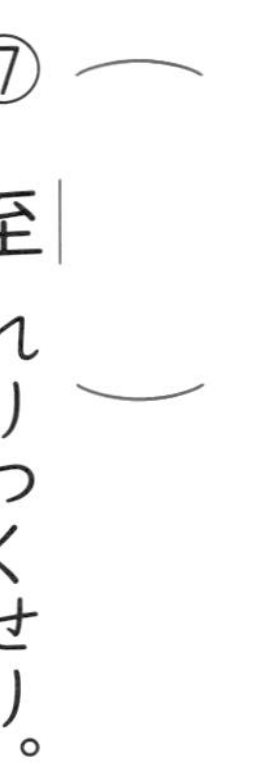

「至」と「室」は同じ部分をもっていますが、同じ読み方はしません。

1 読みがなを書きましょう。 28点（一つ4）

① 入社の翌年（　　）に独立する。

② 翌朝（　　）は早起きをする。

③ 山頂（　　）にたどり着く。

④ 山の頂（　　）に立つ。

⑤ 雪を頂（　　）く山をながめる。

⑥ 至急（　　）対応をする。

⑦ 至（　　）れりつくせり。

教科書 208ページ

裏のページに続くよ！

2 あてはまる漢字を書きましょう。

72点（一つ9）

① 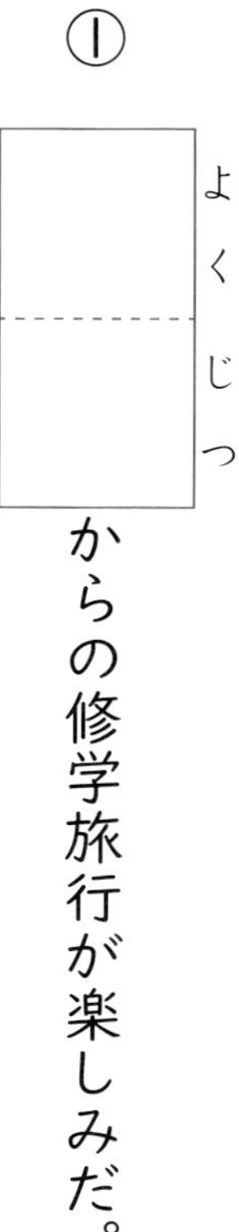（よくじつ）からの修学旅行が楽しみだ。

② 兄は大会に出場するために、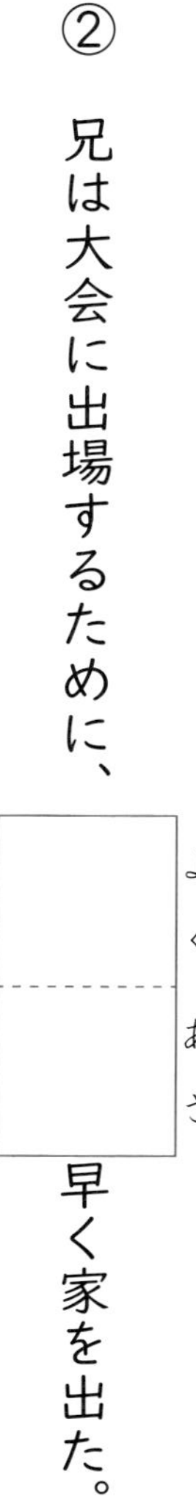（よくあさ）早く家を出た。

③ 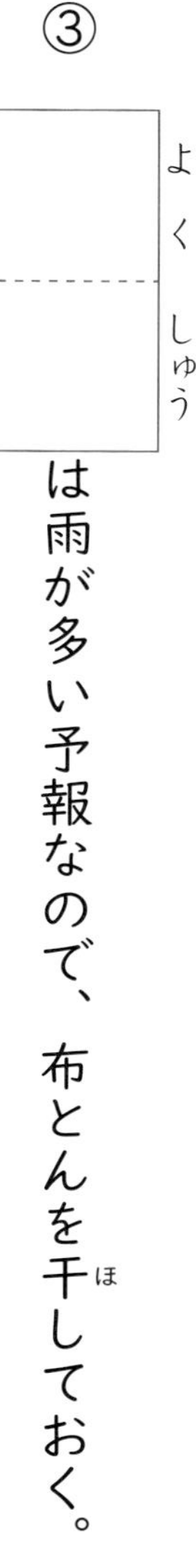（よくしゅう）は雨が多い予報なので、布とんを干（ほ）しておく。

④ 図形の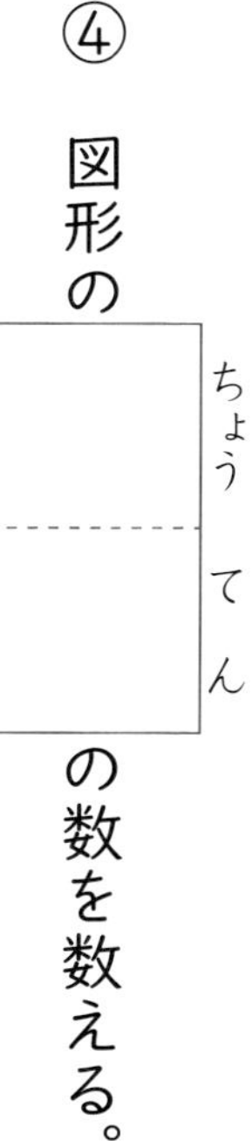（ちょうてん）の数を数える。

⑤ 雪を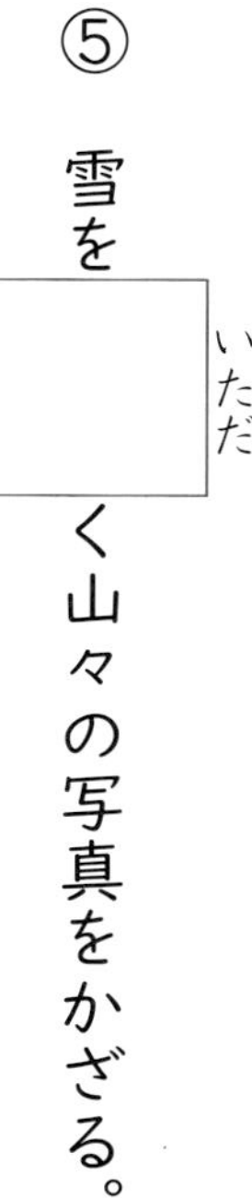（いただ）く山々の写真をかざる。

⑥ 今年の夏こそ富士山（ふじさん）の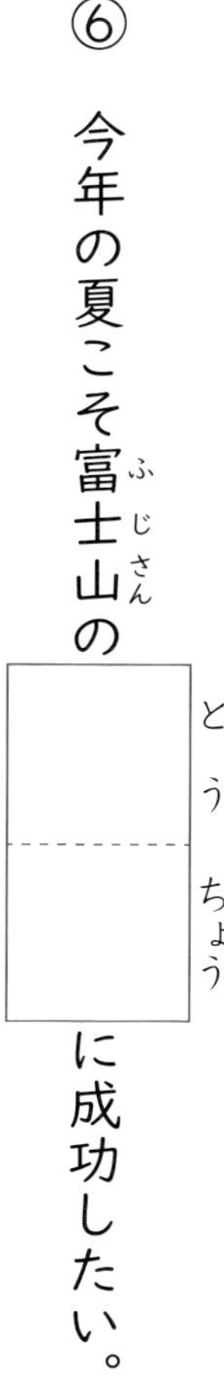（とうちょう）に成功したい。

⑦ 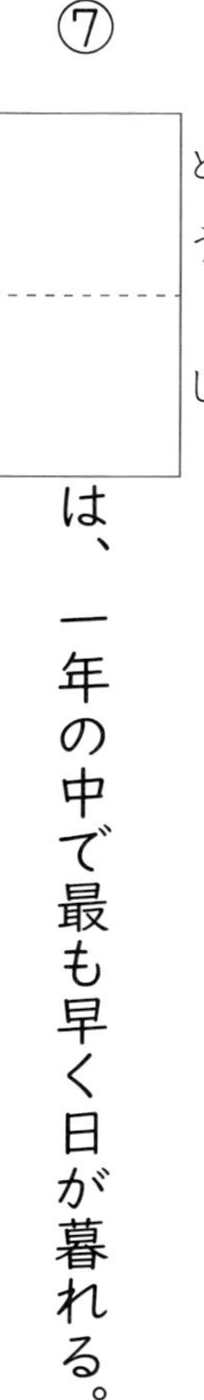（とうじ）は、一年の中で最も早く日が暮れる。

⑧ 大事に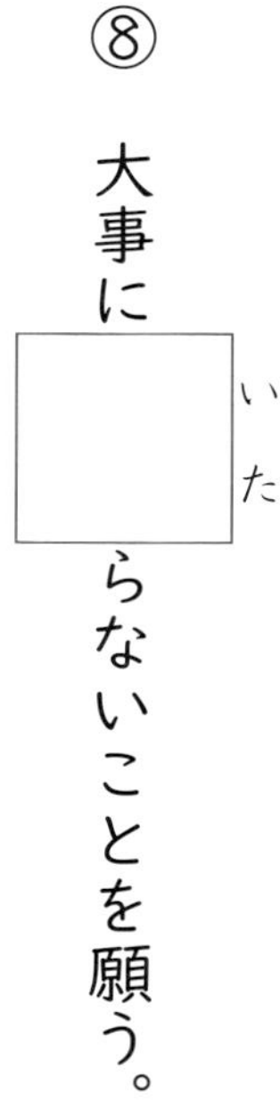（いた）らないことを願う。

ヒント ④⑥「ちょう」を「庁」や「丁」と書かないように注意しましょう。

九月から十二月に習った漢字と言葉

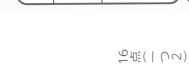

時間 20分
合格80点
/100
答え 103ページ
月 日

1 漢字の読みがなを書きましょう。 16点（一つ2）

① 船が太平洋の沿岸（　　）に着く。

② 音楽の専任（　　）の先生。

③ 落とし穴（　　）に落ちる。

④ 新しい流派（　　）ができる。

⑤ 迷いを捨（　　）てる。

⑥ 秘密（　　）を打ち明ける。

⑦ 的を射（　　）た表現だ。

⑧ 裁決（　　）が下される。

2 あてはまる漢字を書きましょう。〔　〕には漢字とひらがなを書きましょう。 24点（一つ3）

① 宇宙［たんさ］をする。

② 母は［かんご］師だ。

③ ［ふくそう］を正す。

④ 肉を［たて］に切った。

⑤ 不安を取り〔のぞく〕。

⑥ ［せいじゃ］のふるまい。

⑦ ［しんたい］をうかがう。

⑧ ［こうごうへいか］

← 裏のページに続くよ！

3 次の漢字の▭には同じ部分が入ります。その部分を□に書き、よび名をあとから選んで（　）に記号で書きましょう。

16点（一つ4）

① ▭市　▭匈　▭凶　▭昜　▭蔵　□（　）

② ▭戋　▭岡　▭十　▭広　▭同　□（　）

③ ▭玉　▭亘　▭毛　▭示　▭于　□（　）

④ 予▭　丁▭　类▭　川▭　令▭　□（　）

ア　うかんむり　イ　おおがい　ウ　にくづき　エ　かねへん

4 言葉と反対の意味の言葉を〔　〕から選び、漢字に直して書きましょう。

24点（一つ4）

① 保守⟷（　　）　② 寒冷⟷（　　）

③ 複雑⟷（　　）　④ 冷静⟷（　　）

⑤ 前進⟷（　　）　⑥ 結果⟷（　　）

〔オンダン　タンジュン　ゲンイン　コウフン　カクシン　コウタイ〕

5 次の例文にあてはまる熟語を書きましょう。

20点（一つ5）

① ア　ユウセイ事業にたずさわる。
　イ　ユウセイに試合を進める。

ア □　イ □

② ア　知識のゲンセン。
　イ　材料をゲンセンする。

ア □　イ □

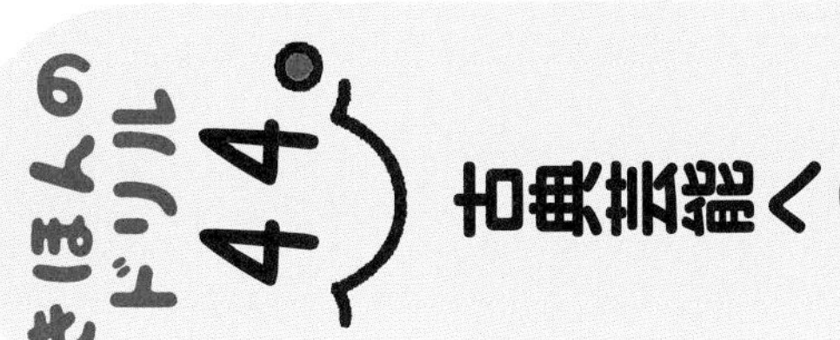

古典芸能への招待状

書いて覚えよう！

劇（ゲキ）　教210ページ　15画
この形に注意
劇場（げきじょう）　劇団（げきだん）　人形劇（にんぎょうげき）
劇（りっとう）
劇劇劇劇劇劇劇劇劇劇劇劇劇劇劇

奏（ソウ）　教210ページ　9画
「夫」にしない
演奏会（えんそうかい）　合奏（がっそう）　間奏（かんそう）
奏（だい）
奏奏奏奏奏奏奏奏奏

揮（キ）　教212ページ　12画
長く
発揮（はっき）　指揮者（しきしゃ）　揮発（きはつ）
揮（てへん）
揮揮揮揮揮揮揮揮揮揮揮揮

衆（シュウ）　教214ページ　12画
とめる
群衆（ぐんしゅう）　観衆（かんしゅう）　衆議院（しゅうぎいん）
衆（ち）
衆衆衆衆衆衆衆衆衆衆衆衆

承（ショウ）　教214ページ　8画
はらう
承知（しょうち）する　伝承（でんしょう）
承（て）
承承承承承承承承

1 読みがなを書きましょう。 28点（一つ4）

① 劇場ができる。（　　）
② 劇団員になる。（　　）
③ 演奏会を行う。（　　）
④ 力を発揮する。（　　）
⑤ 群衆にまぎれる。（　　）
⑥ 衆議院の選挙。（　　）
⑦ 確かに承知する。（　　）

裏のページに続くよ！

2 あてはまる漢字を書きましょう。

72点（一つ9）

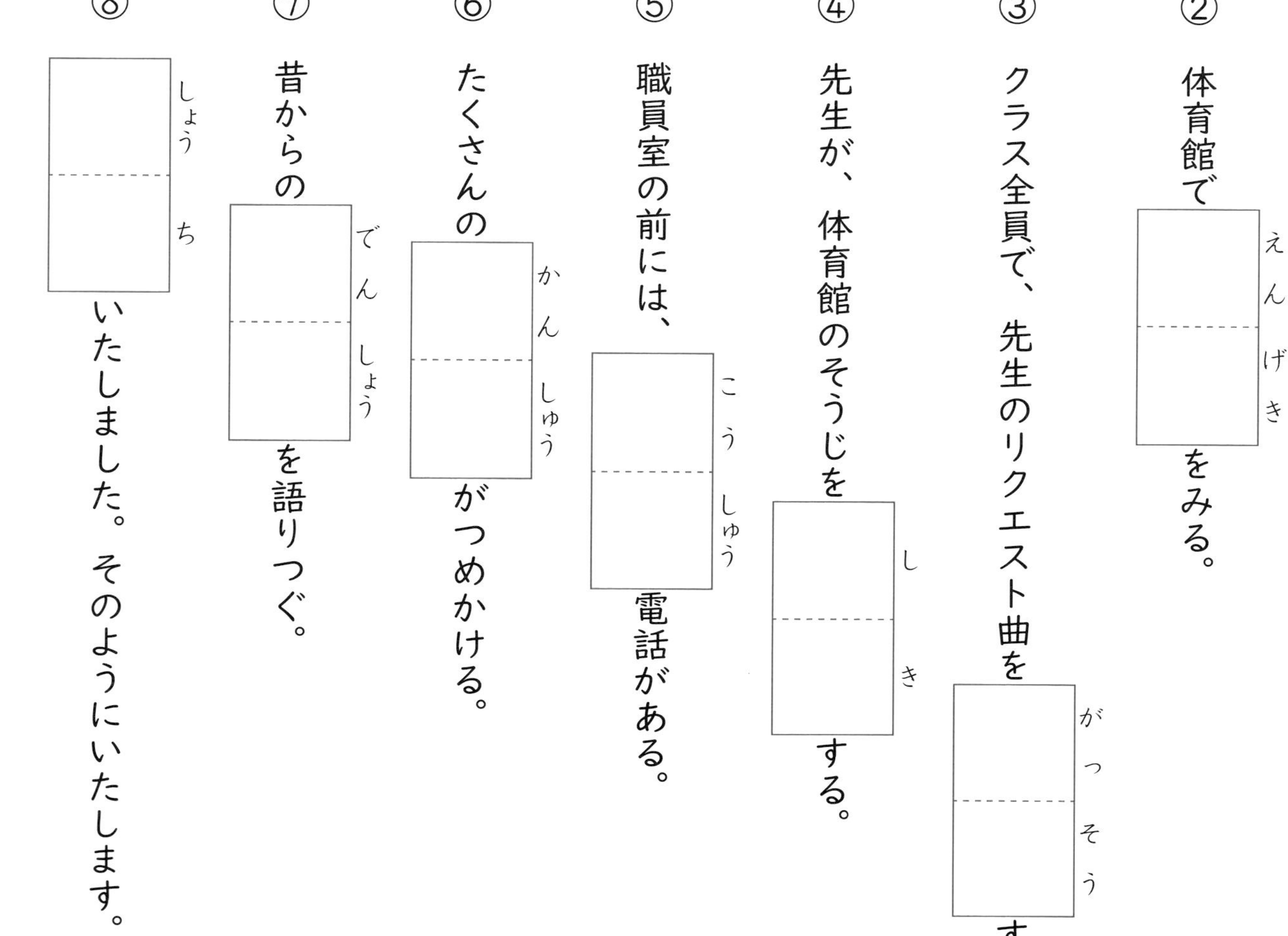

① 町で初めての［げきだん］を作る。

② 体育館で［えんげき］をみる。

③ クラス全員で、先生のリクエスト曲を［がっそう］する。

④ 先生が、体育館のそうじを［しき］する。

⑤ 職員室の前には、［こうしゅう］電話がある。

⑥ たくさんの［かんしゅう］がつめかける。

⑦ 昔からの［でんしょう］を語りつぐ。

⑧ ［しょうち］いたしました。そのようにいたします。

ヒント ③「そう」の上部の横画は三本です。「夭」や「夫」としないように注意しましょう。

きほんのドリル 45。

宇宙への思い (1)

時間 15分　合格80点　/100

答え 103ページ

月　日

書いて覚えよう！

将（教 222ページ）　ショウ　はねる　10画　すん
将来（しょうらい）　大将（たいしょう）　武将（ぶしょう）　将軍（しょうぐん）

否（教 222ページ）　ヒ　とめる　7画　くち
可否（かひ）　否定（ひてい）　否決（ひけつ）　安否（あんぴ）

認（教 222ページ）　みとめる　はねる　14画　ごんべん
認（みと）められる基準（きじゅん）　罪（つみ）を認（みと）める

尊（教 223ページ）　ソン　たっとい　とうとい　たっとぶ　とうとぶ　この形に注意　12画　すん
尊（とうと）い　尊敬（そんけい）　親（おや）を尊（たっと）ぶ

難（教 226ページ）　ナン　むずかしい　とめる　18画　ふるとり
ひ難（なん）　困難（こんなん）　解決（かいけつ）が難（むずか）しい

1 読みがなを書きましょう。　28点（一つ4）

① 将来 の夢。（　　）
② 直ちに 可否 を決める。（　　）
③ その法律は 否決 された。（　　）
④ 認 められる基準。（　　）
⑤ 尊 い教えを守る。（　　）
⑥ 尊敬語 を使う。（　　）
⑦ ひ 難 場所を決める。（　　）

教科書 218～232ページ

裏のページに続くよ！

2 あてはまる漢字を書きましょう。 72点（一つ9）

① 江戸幕府（えどばくふ）最後の［しょうぐん］はだれだろうか。

② 祖父に［しょう］棋（ぎ）を教えてもらう。

③ その問題には［さんぴ］両論がある。

④ 家族で、災害時にたがいの［あんぴ］を知る方法を話し合う。

⑤ 人の考え方はさまざまだと［みと］める。

⑥ 平和の［とうと］さについて考える。

⑦ 作文に［そんけい］する人物のことを書く。

⑧ 祖父が［むずか］しい顔をしている。

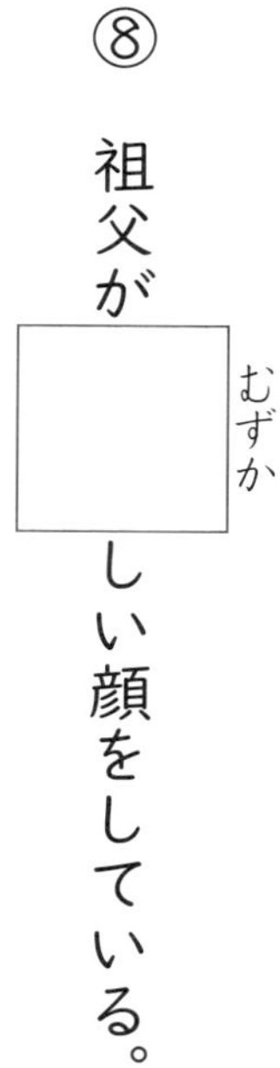

⑥「とうと（さ）」⑦「そん」の八画目を忘れないように注意しましょう。

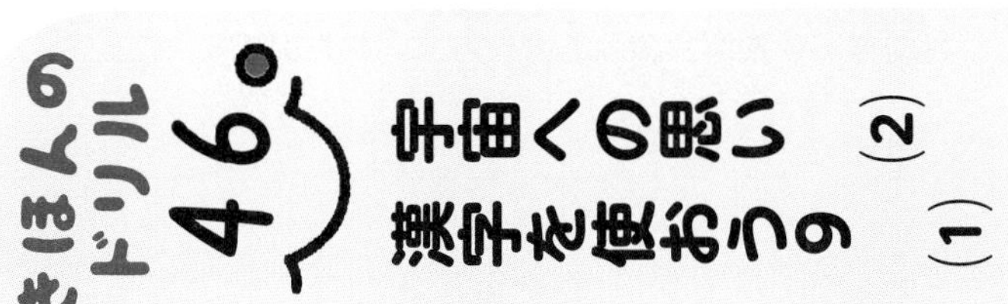

きほんのドリル 46。

宇宙への思い (2)
漢字を使おう9 (1)

時間 15分　合格80点　/100

答え 103ページ

月　日

書いて覚えよう！

教 227ページ

我 われ（はねる）

7画　我我我我我我我

我（ほこづくり・ほこがまえ）

我々（われわれ）　我に返る（われにかえる）

教 228ページ

貴 キ（つける）

12画　貴貴貴貴貴貴貴貴貴貴貴貴

貴（かい・こがい）

貴重品（きちょうひん）　貴族（きぞく）　貴金属（ききんぞく）　高貴（こうき）

教 233ページ

諸 ショ（長く）

15画　諸諸諸諸諸諸諸諸諸諸諸諸諸諸諸

諸（ごんべん）

諸説（しょせつ）　諸国（しょこく）　諸君（しょくん）　諸問題（しょもんだい）

教 233ページ

孝 コウ（長く）

7画　孝孝孝孝孝孝孝

孝（こ）

親孝行（おやこうこう）　忠孝（ちゅうこう）　不孝（ふこう）

教 233ページ

干 カン　ほす（長く）

3画　干干干

干（かん・いちじゅう）

干ばつ（かんばつ）　干潮（かんちょう）　服を干す（ふくをほす）

1 読みがなを書きましょう。

28点（一つ4）

① 我々（　　）の暮らし。

② 貴重品（　　）を持ち出す。

③ 高貴（　　）な生まれの人。

④ 諸説（　　）をふまえる。

⑤ 親孝行（　　）をする。

⑥ 干（　　）ばつに苦しむ。

⑦ 洗たく物を 干（　　）す。

← 裏のページに続くよ！

教科書 218～233ページ

2 あてはまる漢字を書きましょう。

72点（一つ9）

① チームの勝利に、［われ］を忘れて喜ぶ。

② 祖母から［きききんぞく］をもらう。

③ 平安時代の［きぞく］の政治について学んだ。

④ 大統領は国の［しょもんだい］を解決した。

⑤ フェリーに乗って南西［しょとう］に向かう。

⑥ ［こうこう］むすこだとほめられて照れる。

⑦ この辺りは、［かん］たくされた地域です。

⑧ ［ほ］していたタオルが、すぐにかわいた。

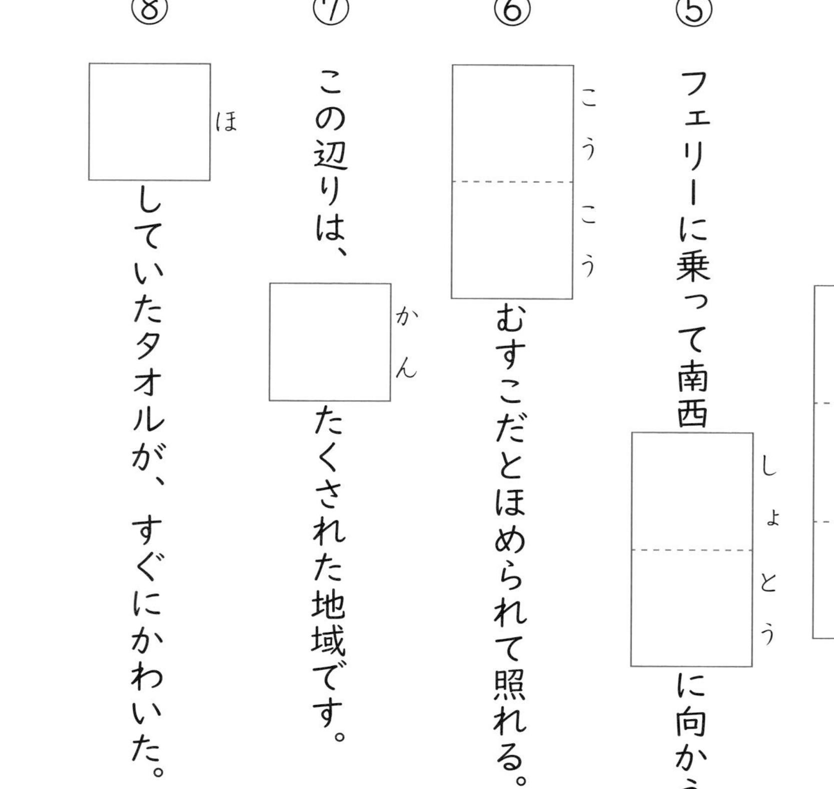
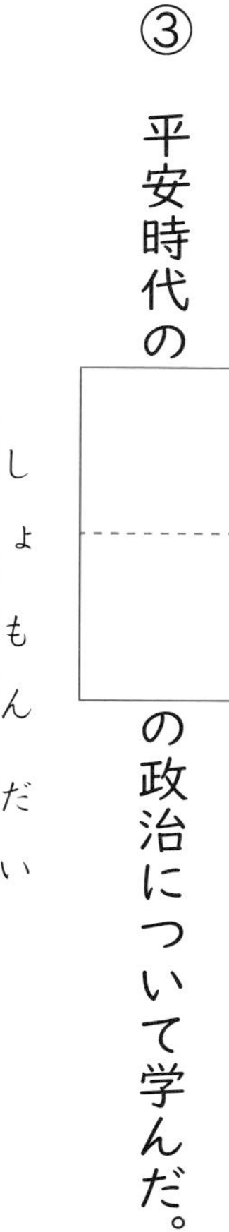
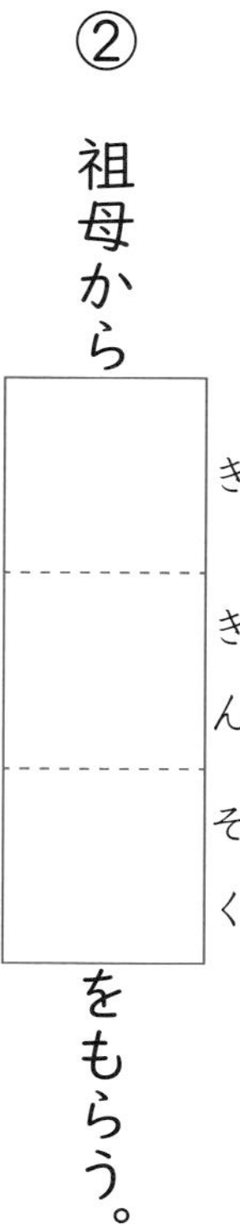
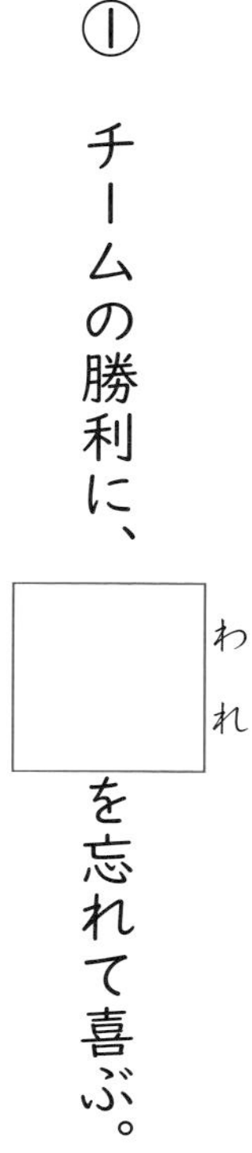

ヒント ②③「き」は、一～五画目の形に注意して書きましょう。

きほんのドリル 47

漢字を使おう9 どう立ち向かう？ もしもの世界 (2)

教科書 233〜241ページ

書いて覚えよう！

晩（バン）　教233ページ　12画　上にはねる
朝(あさ)から晩(ばん)まで　毎晩(まいばん)　晩春(ばんしゅん)
晩(ひへん)

幕（マク・バク）　教233ページ　13画　長く
幕(まく)を垂(た)らす　開幕(かいまく)　幕府(ばくふ)
幕(はば)

垂（スイ・たれる・たらす）　教233ページ　8画　出る
幕(まく)を垂(た)らす　垂直(すいちょく)　垂線(すいせん)
垂(つち)

討（トウ）　教236ページ　10画　はねる
検討(けんとう)　討論会(とうろんかい)　討議(とうぎ)
討(ごんべん)

拡（カク）　教238ページ　8画　はねる
拡張(かくちょう)　拡大(かくだい)　拡散(かくさん)　拡声器(かくせいき)
拡(てへん)

1 読みがなを書きましょう。　28点(一つ4)

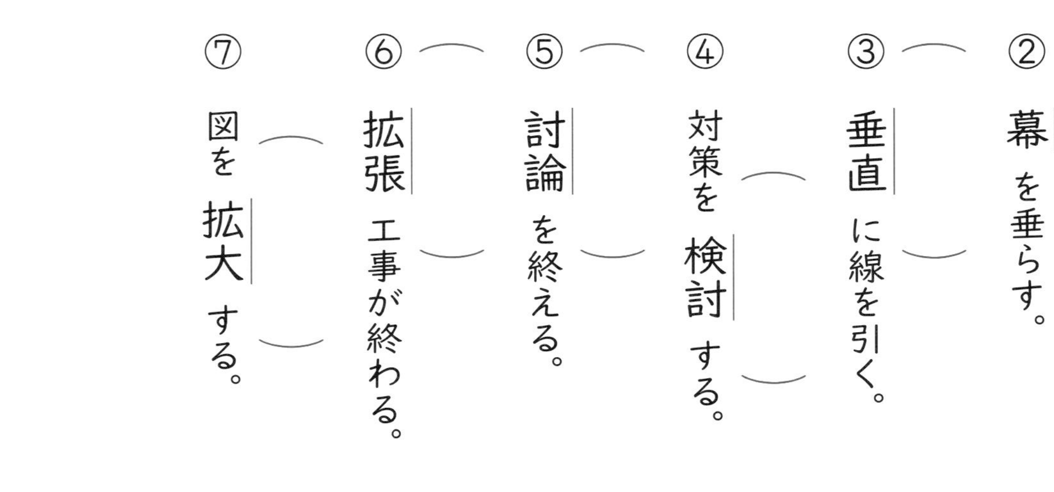

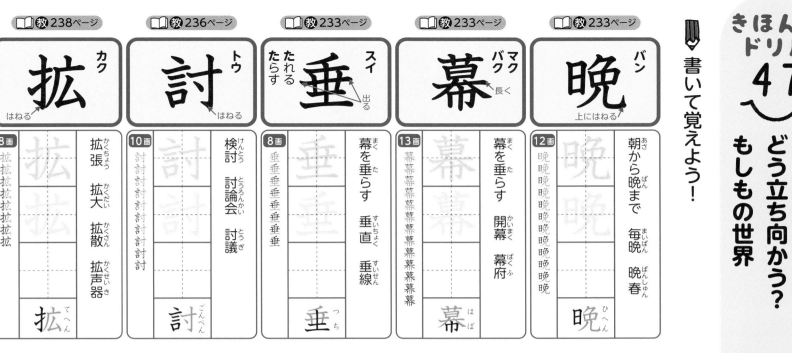

① 朝から晩まで働く。（　　）
② 幕を垂らす。（　　）
③ 垂直に線を引く。（　　）
④ 対策を検討する。（　　）
⑤ 討論を終える。（　　）
⑥ 拡張工事が終わる。（　　）
⑦ 図を拡大する。（　　）

裏のページに続くよ！

2 あてはまる漢字を書きましょう。

72点（一つ9）

① 妹の誕生日会を［さくばん］行った。

② フライパンに油を［た］らす。

③ がけが［すいちょく］に切り立っている。

④ 外の光が入らないように［あんまく］を張る。

⑤ 江戸（えど）［ばくふ］は二百年以上続いた。

⑥ クラスの代表として［とうろんかい］に参加する。

⑦ 売れ行きがいいので、生産を［かくだい］する。

⑧ 先生が［かくせいき］を使って指示を出す。

ヒント ④「まく」⑤「ばく」を「暮」や「墓」と書かないように注意しましょう。

まとめのドリル48

古典芸能への招待状 ～どう立ち向かう？ もしもの世界

時間 20分
合格80点
/100
答え 103ページ
月 日

1 漢字の読みがなを書きましょう。 48点（一つ4）

① 一流の料理人であると 認（　） められる。

② 金やプラチナのような 貴金属（　） は、高価である。

③ 討論会（　） では、賛成意見も 否定的（　） な意見も見られた。

④ 親孝行（　） のために、両親と旅行に行った。

⑤ 先生からの指示に「 承知（　） しました。」と答えた。

⑥ 校舎の屋上から、 幕（　） を 垂（　） らす。

⑦ 冬将軍（　） は、厳しい冬の寒さを表す。

⑧ 地図を 拡大（　） すると、海上に 諸島（　） が点在しているのがわかる。

⑨ あじをひらいて 天日干（　） しする。

← 裏のページに続くよ！

2 あてはまる漢字を書きましょう。〔　〕には漢字とひらがなを書きましょう。

52点（一つ4）

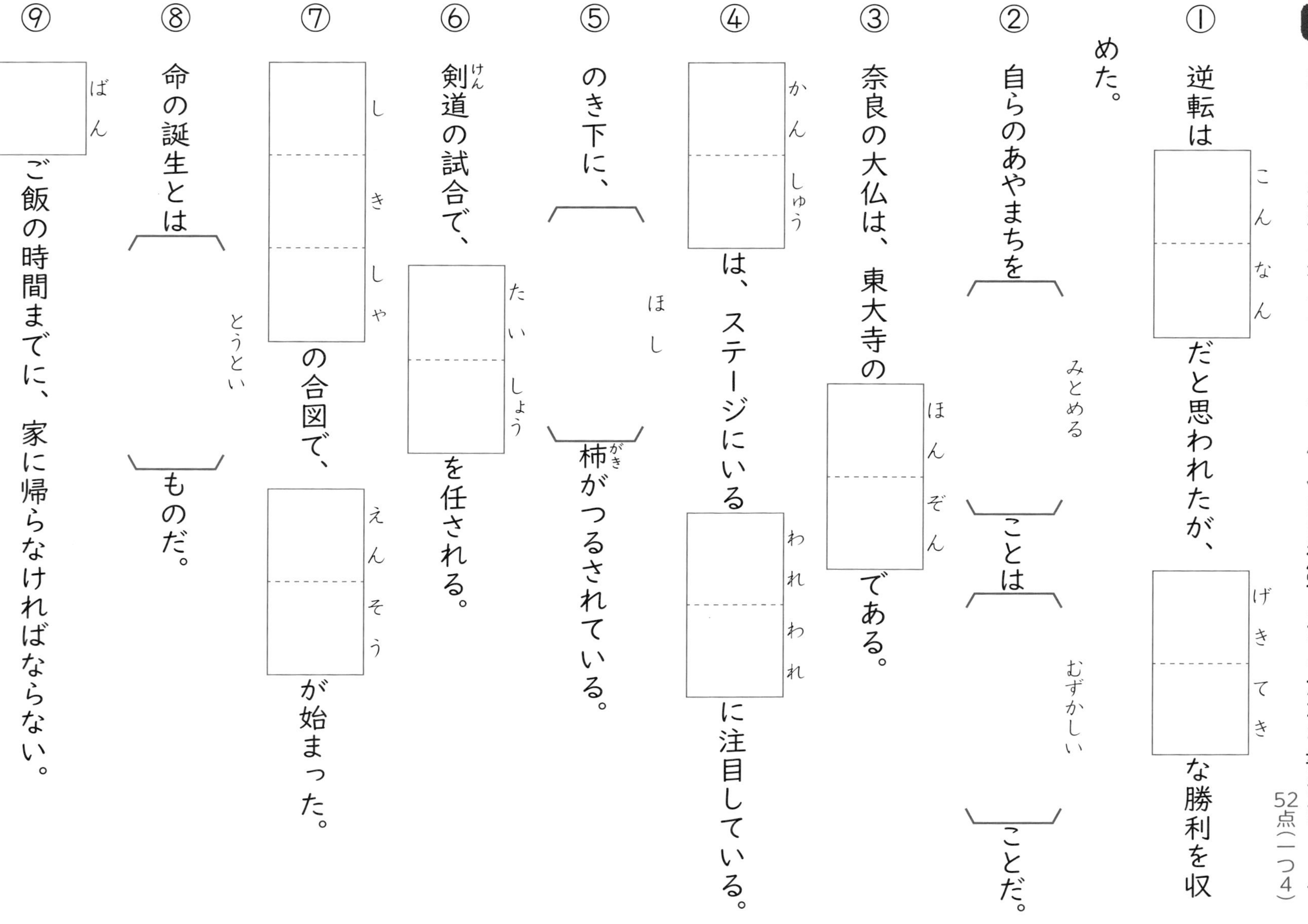

① 逆転は［こんなん］だと思われたが、［げきてき］な勝利を収めた。

② 自らのあやまちを〔みとめる〕ことは〔むずかしい〕ことだ。

③ 奈良の大仏は、東大寺の［ほんぞん］である。

④ ［かんしゅう］は、ステージにいる［われわれ］に注目している。

⑤ のき下に、〔ほし〕柿（がき）がつるされている。

⑥ 剣（けん）道の試合で、［たいしょう］を任される。

⑦ ［しきしゃ］の合図で、［えんそう］が始まった。

⑧ 命の誕生とは〔とうとい〕ものだ。

⑨ ［ばん］ご飯の時間までに、家に帰らなければならない。

一月から三月に習った漢字と言葉

答え 103ページ

月　日

1 漢字の読みがなを書きましょう。

16点（一つ2）

① 全校生徒で 合奏（　　） する。

② 主将（　　） を任される。

③ 否定的（　　） な意見を言う。

④ 難解（　　） な問題が持ち上がる。

⑤ 諸行無常（　　） のひびきあり。

⑥ 潮の 干満（　　）。

⑦ かれは母に 孝行（　　） した。

⑧ 昨晩（　　）、楽しい夢を見た。

2 あてはまる漢字を書きましょう。〔　〕には漢字とひらがなを書きましょう。

24点（一つ3）

① □□（ひげき）的な出来事。

② 駅前の □□（たいしゅう）食堂。

③ リーダーと〔　　（みとめる）　　〕。

④ □□（そんけい）する人物。

⑤ □（われ）らの学校。

⑥ □□（きちょう）な物。

⑦ 川でつり糸を〔　　（たらす）　　〕。

⑧ 再 □□（けんとう） する。

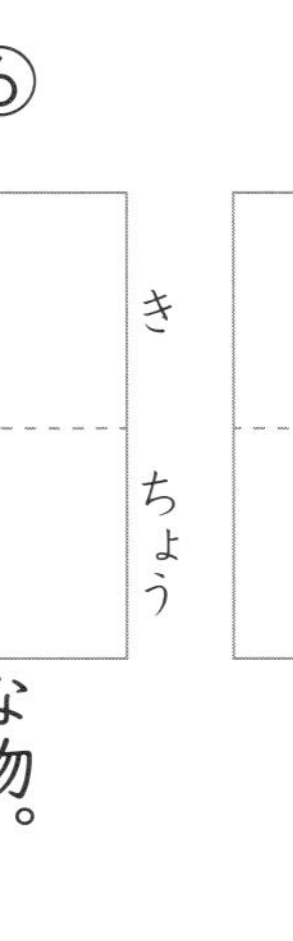

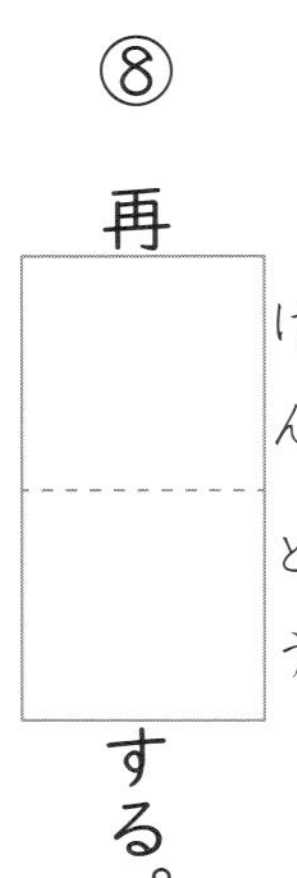

 裏のページに続くよ！

3 次の例文に合うように、□に入る同じ音読みの漢字を書きましょう。

24点（一つ3）

ソウ
① 地□の調査。
② 演□会
③ □立記念日
④ 機械の□作。

コウ
⑤ おいしい□茶。
⑥ 鉄□の加工。
⑦ 親□行をする。
⑧ 一日の□水量。

4 次の□にあてはまる漢字を〔　〕から選び、三字熟語を完成させましょう。

24点（一つ4）

① □武装
② 利己□
③ □就学
④ □外国
⑤ 博覧□
⑥ 私物□

〔諸　不　非　未　会　化　的　系〕

5 次の熟語と組み合わせが同じものを〔　〕から選んで書きましょう。

12点（一つ3）

① 縦横（　　　）
② 翌日（　　　）
③ 価値（　　　）
④ 臨海（　　　）

〔難題　公私　未収　尊敬　私有　観劇〕

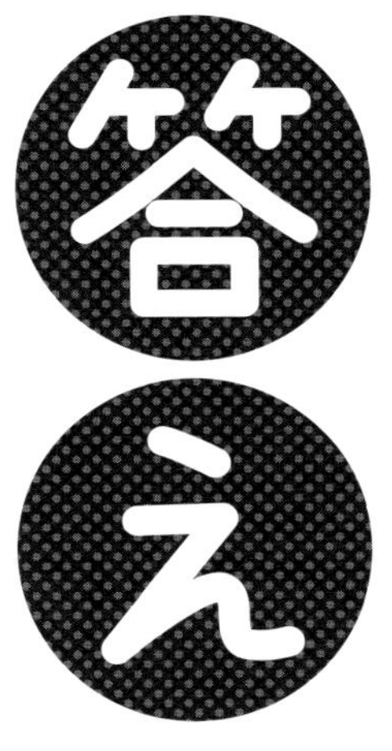

●ドリルやホームテストが終わったら、答え合わせをしましょう。
●まちがっていたら、かならずもう一度やり直しましょう。考え方も読み直しましょう。

1. 漢字の復習 1～2ページ

1 ①さくら ②じがじさん ③ぜいきん ④ひじょうしょく ⑤れきし ⑥きんいつ ⑦にがおえ ⑧おうふく

2 ①採集 ②勢い ③過去 ④迷う ⑤墓 ⑥質問 ⑦価格 ⑧寄港

3 ①きんがく ②せいひん ③こむぎこ ④こうりつ ⑤かいめい ⑥ぎじゅつ ⑦じょうほう ⑧ていしゅつ ⑨こんざつ ⑩しゅうかん

4 ①輸入 ②山脈 ③総力戦 ④喜んだ ⑤分厚い ⑥複写 ⑦規則 ⑧得意

2. きほんのドリル 3～4ページ

1 ①かんけつ ②きんにく ③すじみち ④まど ⑤どうそうかい ⑥いちまい ⑦せんでん

2 ①簡単 ②簡素 ③鉄筋 ④筋書 ⑤窓口 ⑥車窓 ⑦枚数 ⑧宣教師

3. きほんのドリル 5～6ページ

1 ①おさな ②ようちゅう ③かいかく ④うら ⑤なら ⑥なら ⑦してん

2 ①幼 ②幼児 ③革命 ④革新的 ⑤裏側 ⑥視野 ⑦並 ⑧並

4. きほんのドリル 7～8ページ

1 ①いた ②つうかい ③けいご ④てんてき ⑤ふ ⑥いこう ⑦すがた

2 ①頭痛 ②痛 ③敬老 ④敬 ⑤強敵 ⑥降 ⑦降下 ⑧容姿

5. きほんのドリル 9～10ページ

1 ①むね ②どきょう ③す ④こきゅう ⑤よ ⑥わす ⑦と

2 ①胸 ②吸 ③深呼吸 ④点呼 ⑤呼 ⑥忘 ⑦閉 ⑧閉店

6. きほんのドリル 11～12ページ

1 ①ろうどく ②そうぞう ③つく ④おぎな ⑤ほきょう ⑥はいしゃく ⑦ゆうびん

2 ①朗報 ②創立 ③創 ④立候補 ⑤補 ⑥参拝 ⑦拝 ⑧郵送

7. きほんのドリル 13～14ページ

1 ①しゅうしょく ②じんじゅつ ③どひょう ④すみだわら ⑤こうよう ⑥ちぢ ⑦しゅくしょう

2 ①就任 ②仁義 ③一俵 ④米俵 ⑤紅白 ⑥紅 ⑦縮 ⑧短縮

8. きほんのドリル 15～16ページ

1 ①じゃく ②はん ③ちいき ④くいき ⑤てんじ ⑥しんてん ⑦きょうど

2 ①尺八 ②班別 ③班長 ④流域 ⑤音域 ⑥発展 ⑦展望台 ⑧郷土

9. きほんのドリル 17～18ページ

1 ①えいぞう ②うつ ③うつ ④かいらんばん ⑤いちらん ⑥こと ⑦いじょう

2 ①映画 ②映 ③映 ④展覧会 ⑤観覧車 ⑥異常 ⑦異国 ⑧異

10. まとめのドリル 19～20ページ

1 ①えいぞう ②おぎな ③てんらんかい ④しゃくはち ⑤しゅうしょく ⑥しせい ⑦こきょう・なみきみち ⑧まど・わす ⑨おさな・ゆうびんきょく

2
①宿敵 ②拝借 ③降りて・深呼吸
④圧縮 ⑤筋肉痛 ⑥朗読会
⑦革命・宣言 ⑧地域・異 ⑨一枚・班員

考え方
2 ②右側の横画は四つあることに注意が必要です。

11 きほんのドリル 21～22ページ

1
①じゅくご ②でんしゃちん ③やちん
④めいゆう ⑤けいかん ⑥けいび
⑦けいさつしょ

2
①熟 ②未熟 ③賃金 ④加盟 ⑤同盟
⑥警察署 ⑦警報 ⑧署名

12 きほんのドリル 23～24ページ

1
①ようさんぎょう ②かいこ
③かいぜん ④よ ⑤りんじ
⑥うちゅう ⑦ちゅうがえ

2
①蚕 ②養蚕業 ③善悪 ④善 ⑤臨機
⑥臨席 ⑦宇宙 ⑧宙

13 きほんのドリル 25～26ページ

1
①いよく ②よくば ③こくそう ④い
⑤にゅう ⑥ちち ⑦じゅもく

2
①食欲 ②欲求 ③穀物 ④遺産
⑤牛乳 ⑥乳 ⑦果樹園 ⑧樹木

14 きほんのドリル 27～28ページ

1
①ぞう ②れいぞうこ ③しゅうきょう
④こく ⑤きざ ⑥おん ⑦すいてい

2
①貯蔵 ②宗 ③改宗 ④深刻 ⑤刻
⑥恩 ⑦推移 ⑧推理

15 きほんのドリル 29～30ページ

1
①そんざい ②く ③きょうきゅう
④そな ⑤せいたいけい ⑥あやま
⑦ごじ

2
①保存 ②暮 ③提供 ④供 ⑤太陽系
⑥外資系 ⑦誤解 ⑧誤

16 きほんのドリル 31～32ページ

1
①きずぐち ②きび ③げんしゅ
④いろん ⑤だんさ ⑥しゅだん ⑦い

2
①傷 ②負傷 ③厳重 ④厳 ⑤口論
⑥階段 ⑦段落 ⑧胃

17 きほんのドリル 33～34ページ

1
①いちょうやく ②はい ③のう
④しんぞう ⑤した

2
①腸 ②後 ③出家 ④戸外 ⑤肺
⑥頭脳 ⑦内臓 ⑧舌

18 まとめのドリル 35～36ページ

1
①ぎゅうにゅう ②じゅりつ
③きょうきゅう ④ぎんがけい
⑤すいり・あやま ⑥けつろん
⑦はいかつりょう ⑧しんぞう・きざ
⑨けらい・いよくてき

2
①臨時・穀物 ②遺産 ③宗教
④冷蔵庫・保存 ⑤階段・傷
⑥厳しく・恩師 ⑦胃弱 ⑧断腸
⑨脳天

考え方
2 ①「臨時」とは、決まった時間ではなく、状きょうに応じて行われることです。
④「冷蔵庫」は体に関係していないので、「月（にくづき）」は不要です。

19 きほんのドリル 37～38ページ

1
①わたし ②しご ③あぶ ④たいさく
⑤たまご ⑥わ ⑦やくわり

2
①私 ②私 ③危 ④危機 ⑤対策
⑥卵 ⑦割 ⑧割引

20 きほんのドリル 39～40ページ

1
①てあら ②せんめんじょ ③つくえ
④づくえ ⑤たんじょう ⑥さ ⑦さとう

2
①洗 ②水洗 ③机 ④学習机
⑤誕生日 ⑥砂鉄 ⑦砂場 ⑧糖分

21 きほんのドリル 41～42ページ

1
①あたた ②おんだんか ③わか

④ま　⑤かんまつ　⑥わけ　⑦はいご

2 ①暖　②寒暖　③若者　④若葉　⑤巻
⑥下巻　⑦訳　⑧背比

22 きほんのドリル　43～44ページ

1 ①かた　②かたづ　③しょぶん
④ざっし　⑤しめん　⑥かし　⑦どうし

2 ①片方　②片付　③対処　④処置
⑤週刊誌　⑥日誌　⑦作詞　⑧名詞

23 きほんのドリル　45～46ページ

1 ①せいじつ　②せいしんせいい
③ちゅうせい　④ちゅうじつ
⑤ちゅうこく　⑥ぼう　⑦ぼうめい

2 ①誠実　②誠心誠意　③忠告　④忠誠
⑤忠実　⑥死亡　⑦亡命　⑧存亡

24 きほんのドリル　47～48ページ

1 ①ふたん　②たんとう　③すうち
④ねふだ　⑤はげ　⑥うたが
⑦こしょう

2 ①担任　②分担　③価値　④値打　⑤激
⑥疑　⑦疑問　⑧障害物

25 夏休みのホームテスト　49～50ページ

★1 ①けいこく　②たまご　③きざ
④とうぶん　⑤かんけつ　⑥はげ
⑦ようさん　⑧ざっし

★2 ①幼い　②誠実　③故障　④巻物
⑤策略　⑥担任　⑦疑問　⑧机

★3 ①十・キ　②十七・イ　③九・オ
④十二・エ　⑤十一・ウ　⑥十五・カ

★4 ①映　②域　③敬　④熟　⑤論
⑥担　⑦欲　⑧傷

★5 ①危　②視　③展　④異

考え方

★4 全てに当てはめてみて、意味が通る漢字を考えましょう。

★5 まず、上に書いてある熟語を読んでみて、同じ音を持つほかの熟語を思いうかべてみましょう。

26 きほんのドリル　51～52ページ

1 ①はいく　②さが　③たんけん　④ぞ
⑤えんがん　⑥とど　⑦かぶしき

2 ①俳　②探　③探知　④海沿　⑤沿線
⑥届　⑦株　⑧古株

27 きほんのドリル　53～54ページ

1 ①かんばん　②せいざ　③も
④けんばいき　⑤とくほん　⑥せんねん

2 ①看板　②看護　③星座　④大盛
⑤旅券　⑥入場券　⑦専属　⑧玉座

28 きほんのドリル　55～56ページ

1 ①もけい　②きぼ　③じゅんじょう
④たんじゅん　⑤しゅっきん
⑥ふうちょう　⑦てっこつ

2 ①模様　②模写　③純白　④勤　⑤勤務
⑥満潮　⑦潮風　⑧骨折

29 きほんのドリル　57～58ページ

1 ①ぼう　②あな　③なんそう
④こうふん　⑤ふる　⑥えんちょうせん
⑦の

2 ①鉄棒　②棒読　③穴　④高層　⑤奮起
⑥奮　⑦延期　⑧延

30 きほんのドリル　59～60ページ

1 ①きんせん　②てっこうぎょう
③ひはん　④たいそう　⑤み

2 ①銭湯　②銭　③鋼鉄　④鉄鋼業
⑤批評　⑥批判　⑦節操　⑧八

31 きほんのドリル　61～62ページ

1 ①こん　②おさ　③きゅうしゅう
④す　⑤そうび　⑥そうち　⑦みなもと

2 ①困　②困　③収　④収集　⑤捨
⑥四捨五入　⑦服装　⑧源

32 きほんのドリル　63～64ページ

1 ①ほうりつ　②したが
③じゅうぎょういん　④けいざい　⑤す

⑥ちょさく　⑦けんり

2 ①調律　②従　③従順　④救済　⑤済　⑥著名　⑦人権　⑧権力

33 まとめのドリル　65〜66ページ

1 ①はいく　②たんけん　③えんどう　④かんご・ざだんかい　⑤せんもんか　⑥そうさ　⑦す　⑧ちょめい・じゅんぱく　⑨きんろう・けんり

2 ①株券・届ける　②盛り上がり　③潮・模型　④骨格　⑤高層　⑥困　⑦包装紙　⑧法律・従う　⑨経済・批判

考え方

1 ⑧「著名」とは、世間でよく知られていることです。

2 ③「模形」と書くとあやまりです。

⑤「こうそう」には、ほかに「後送」「構想」という熟語があります。それぞれの意味を考え、正しいものを選びましょう。

34 きほんのドリル　67〜68ページ

1 ①いっさつ　②くうふく　③はら　④じゅうだん　⑤たてが　⑥おさ　⑦ひでん

2 ①冊数　②中腹　③腹　④縦横　⑤縦笛　⑥納　⑦納税　⑧神秘的

35 きほんのドリル　69〜70ページ

1 ①みっせつ　②はせい　③いずみ　④おんせん　⑤ほうもん　⑥たず　⑦きぬいと

2 ①密度　②立派　③温泉　④泉　⑤来訪　⑥訪　⑦絹　⑧絹糸

36 きほんのドリル　71〜72ページ

1 ①のぞ　②じょせつ　③きたく　④じょうはつ　⑤しんせい　⑥ばり　⑦びょうしん

2 ①除　②除雪　③自宅　④宅配便　⑤蒸気　⑥聖書　⑦方針　⑧針金

37 きほんのドリル　73〜74ページ

1 ①ほうせき　②たからもの　③はいいろ　④ゆうしょう　⑤みだ　⑥らんぼう　⑦そ

2 ①国宝　②宝物　③灰　④優先　⑤混乱　⑥乱　⑦染　⑧染

38 きほんのドリル　75〜76ページ

1 ①あず　②しりぞ　③すんぽう　④ちゅうしゃ　⑤でんじしゃく

2 ①預　②預金　③退院　④退　⑤寸前　⑥放射能　⑦射　⑧磁石

39 まとめのドリル　77〜78ページ

1 ①こくほう　②はで　③みだ　④しんろ　⑤いずみ・しんせい　⑥べっさつ　⑦じたく・ほうもん　⑧すんぽう・たて　⑨ちゅうふく

2 ①灰色・染めた　②秘密　③絹糸・針　④預かる　⑤除く・退場　⑥射的・磁石　⑦納税　⑧優勝　⑨蒸発

考え方

1 ④船や飛行機の進むべき航路は「針路」と書きます。羅針盤(らしんばん)を使って進行方向を知ったことが由来とされています。「進路」は進んでいく道のこと、また将来(しょうらい)進む方向のことです。反対の意味の言葉は「退路」です。

40 きほんのドリル　79〜80ページ

1 ①てんのうへいか　②こうしつ　③こうごうへいか　④とうしゅ　⑤せいとう　⑥てんしゅかく　⑦ないかくふ

2 ①天皇　②皇室　③皇后　④陛下　⑤野党　⑥党内　⑦天守閣　⑧仏閣

41 きほんのドリル　81〜82ページ

1 ①しょうぼうちょう　②ようさい　③さば　④りっけん　⑤けんぽう

⑥じこ　⑦りこてき

2 ①気象庁　②官公庁　③裁判所　④裁
⑤憲章　⑥立憲　⑦自己　⑧利己的

42. きほんのドリル　83～84ページ

1 ①よくねん　②よくあさ　③さんちょう
④いただき　⑤いただ　⑥しきゅう
⑦いた

2 ①翌日　②翌朝　③翌週　④頂点
⑤頂　⑥登頂　⑦冬至　⑧至

43. 冬休みのホームテスト　85～86ページ

1 ①えんがん　②せんにん　③あな
④りゅうは　⑤す　⑥ひみつ　⑦い
⑧さいけつ

2 ①探査　②看護　③服装　④縦
⑤除く　⑥聖者　⑦進退　⑧皇后陛下

3 ①月・ウ　②金・エ　③宀・ア
④頁・イ

4 ①革新　②温暖　③単純　④興奮
⑤後退　⑥原因

5 ①ア郵政　イ優勢　②ア源泉　イ厳選

考え方

3 いずれかの漢字の部首を思いついたら、同じ部首を他の漢字にも当てはめてみて、正しいか確かめましょう。

4 よく使われる反対の意味の言葉は、セットで覚えておくようにしましょう。示されている言葉に使われている漢字と逆の意味の漢字を思いうかべて、そこから反対の意味の言葉を考えることも有効です。

44. きほんのドリル　87～88ページ

1 ①げきじょう　②げきだんいん
③えんそうかい　④はっき
⑤ぐんしゅう　⑥しゅうぎいん
⑦しょうち

2 ①劇団　②演劇　③合奏　④指揮
⑤公衆　⑥観衆　⑦伝承　⑧承知

45. きほんのドリル　89～90ページ

1 ①しょうらい　②かひ　③ひけつ
④みと　⑤とうと（たっと）
⑥そんけいご　⑦なん

2 ①将軍　②将　③賛否　④安否
⑤認　⑥尊　⑦尊敬　⑧難

46. きほんのドリル　91～92ページ

1 ①われわれ　②きちょうひん　③こうき
④しょせつ　⑤おやこうこう　⑥かん
⑦ほ

2 ①我　②貴金属　③貴族　④諸問題
⑤諸島　⑥孝行　⑦干　⑧干

47. きほんのドリル　93～94ページ

1 ①ばん　②まく　③すいちょく
④けんとう　⑤とうろん　⑥かくちょう
⑦かくだい

2 ①昨晩　②垂　③垂直　④暗幕
⑤幕府　⑥討論会　⑦拡大　⑧拡声器

48. まとめのドリル　95～96ページ

1 ①みと　②ききんぞく
③とうろんかい・ひていてき
④おやこうこう　⑤しょうち
⑥まく・た　⑦ふゆしょうぐん
⑧かくだい・しょとう　⑨てんぴぼ

2 ①困難・劇的　②認める・難しい
③本尊　④観衆・我々　⑤干し
⑥大将　⑦指揮者・演奏　⑧尊い　⑨晩

考え方

1 ⑧「諸島」「諸国」「諸問題」など、「諸」という漢字は名詞の前について「多くの・いろいろな」という意味を加えます。

49. 学年末のホームテスト　97～98ページ

1 ①がっそう　②しゅしょう
③ひていてき　④なんかい
⑤しょぎょうむじょう　⑥かんまん
⑦こうこう　⑧さくばん

2 ①悲劇　②大衆　③認める　④尊敬
⑤我　⑥貴重　⑦垂らす　⑧検討

3 ①層 ②奏 ③創 ④操 ⑤紅 ⑥鋼 ⑦孝 ⑧降

4 ①非 ②的 ③未 ④諸 ⑤会 ⑥化

5 ①公私 ②難題 ③尊敬 ④観劇

考え方

3 同じ読みの漢字は、意味によって書き分ける練習をしましょう。

4 ②の「利己的」とは、自分の利益だけを追求すること、自分勝手であるということです。

④の「諸外国」の「諸」は、多くの、いろいろなという意味です。

5 「縦横」と「公私」は反対の意味の漢字の組み合わせ、「翌日」と「難題」は前の字があとの字を説明している組み合わせ、「価値」と「尊敬」は似た意味の漢字の組み合わせ、「臨海」と「観劇」はあとの字が前の字で表す動作の対象となっている組み合わせです。